Os Mistérios
do Manto Sagrado

AUGUSTO PASQUOTO

Os Mistérios do Manto Sagrado

A Virgem Morena de Guadalupe

EDITORA
SANTUÁRIO

DIREÇÃO EDITORIAL:
Pe. Marcelo C. Araújo

REVISÃO:
Benedita Cristina G. N. da Silva

EDITOR:
Márcio Fabri dos Anjos

DIAGRAMAÇÃO:
Mauricio Pereira

COORDENAÇÃO EDITORIAL:
Ana Lúcia de Castro Leite

CAPA:
Mauricio Pereira

COPIDESQUE:
Leila Cristina Dinis Fernandes

Dados Internacionais de Catalogação na Publicação (CIP)
(Câmara Brasileira do Livro, SP, Brasil)

Pasquoto, Augusto
  Os Mistérios do Manto Sagrado: a Virgem Morena de Guadalupe / Augusto Pasquoto. - Aparecida, SP: Editora Santuário, 2013.

ISBN 978-85-369-0290-6

1. Maria, Virgem Santa - Aparições e milagres 2. Maria, Virgem Santa - Culto 3. Nossa Senhora de Guadalupe - História I. Título.

13-00324   CDD-232.91

Índices para catálogo sistemático:
1. Nossa Senhora de Guadalupe: Culto: História 232.91

6ª impressão

Todos os direitos reservados à **EDITORA SANTUÁRIO** – 2025

Rua Pe. Claro Monteiro, 342 – 12570-000 – Aparecida-SP
Tel.: 12 3104-2000 – Televendas: 0800 0 16 00 04
www.editorasantuario.com.br
vendas@editorasantuario.com.br

Sumário

Introdução 07

1. O México no século XVI 09
    As circunstâncias históricas 10
    A religião 14
    A conquista do México 17
    A entrada em Tenochtitlan 20
    Visita ao templo maior 23
    Prisão de Montezuma 25
    A noite triste 26
    A tomada de Tenochtitlan 28
    A chegada dos missionários 30

2. A história do manto sagrado 33
    Introdução 34
    Primeira aparição: A mensagem 35
    Segunda aparição 38
    Terceira aparição 42
    Quarta aparição 42
    A misteriosa "impressão" da imagem 46
    Aparição a Juan Bernardino 49

3. Os mistérios do manto 53
    A imagem é uma pintura? 56

Os retoques e acréscimos 61
O que é original na imagem? 63
O atentado 66

4. Os mistérios nos olhos da Virgem................................69
O que disseram os oculistas 71
O médico que falou com a imagem 74

5. A prova dos computadores 81
O índio sentado 83
O homem com barba 84
O ancião... 85
Juan Diego 86
A negra 88
O intérprete 89
O grupo familiar 89
A Senhora estava presente, embora invisível 93

6. Por que Guadalupe? 97

7. A Virgem missionária 103
São Juan Diego 107
A protetora dos não nascidos 109

8. Uma carta na manga 115
O desejo da Virgem foi satisfeito 116

Referências bibliográficas 119

Introdução

A santa Virgem Maria é uma pessoa só: é a única e verdadeira Mãe de Jesus. Mas ela tem muitos nomes e títulos que a piedade cristã lhe atribuiu por meio dos tempos. Chamamo-la, por exemplo, pelo nome de Nossa Senhora Aparecida, de Lourdes, de Fátima, do Rosário, do Perpétuo Socorro, de Guadalupe... Cada título procura focalizar uma das qualidades e virtudes da Mãe do Salvador. Ela tem muitos filhos. E as mães sabem que um filho é diferente do outro. Por isso, Ela também quis aparecer em formas diferentes e com várias faces, para ser mais bem reconhecida e amada por seus diferentes filhos.

Nossa Senhora sob o título de Guadalupe é considerada a Rainha do povo mexicano. Ela foi a grande missionária que trouxe milhões de índios astecas para o cristianismo. Atualmente é visitada, em sua basílica, na cidade do México, por 18 milhões de peregrinos todo ano. Vinte e cinco papas aprovaram seu culto. E em 24 de agosto de 1910, Pio X declarou-a "Celestial Padroeira da América Latina".

Nos tempos atuais, a Guadalupana – como a chamam os mexicanos – deu-se a conhecer a seus filhos de um modo novo e admirável. Com o emprego do computador e de outras técnicas modernas, coisas misteriosas foram descobertas em sua imagem gravada no manto do vidente Juan Diego. Mistérios que chamam a atenção e causam perplexidade.

Nossa intenção nas páginas que seguem é conhecer melhor alguns desses mistérios. Para isso, vamos seguir os estudos e os depoimentos de diversos pintores, médicos e cientistas que examinaram detalhadamente o manto sagrado com a imagem da Virgem Morena que se encontra em sua basílica na cidade do México.

1
O México no século XVI

O índio mexicano Juan Diego foi proclamado santo pelo papa João Paulo II em 31 de julho de 2002. Este acontecimento tem uma consequência importante, pois a canonização do índio pode ser considerada como aprovação pela Igreja da história de Nossa Senhora de Guadalupe.

Eu confesso que conhecia pouco a respeito dessa história. Sabia que a Virgem Morena – como costuma ser chamada – é considerada a Rainha do povo mexicano e que também foi proclamada padroeira da América Latina. Ouvia dizer que há coisas estranhas e misteriosas no manto em que está impressa sua imagem. Coisas que chamam a atenção e despertam a curiosidade. A tradição antiga diz que a imagem mexicana da Senhora de Guadalupe não foi pintada por mãos humanas, mas impressa milagrosamente no manto do índio Juan Diego, nos inícios do século XVI, mais precisamente em 1531.

Isto já faz quase 500 anos, e o manto com a imagem nele impressa está hoje exposto na basílica da cidade do México. São diversos os mistérios que dizem que ele contém:

- Em primeiro lugar, chama atenção a estranha conservação do tecido do manto que é confeccionado com a fibra retirada de uma planta. Não devia durar mais do que 50 anos. No entanto, já dura quase 500.
- A pintura que cobre a tela é outro motivo de admiração. As pesquisas dos cientistas demonstraram que os pigmentos

que dão as cores da imagem guadalupana não pertencem ao reino vegetal, nem ao reino animal, nem ao reino mineral.

- Vários médicos oculistas, munidos de oftalmoscópio de alta potência, examinaram os olhos da imagem impressa no manto e descobriram um busto de um homem com barba em suas córneas, em ambos os olhos.

- Um cientista que trabalhava na digitalização de imagens enviadas por satélites artificiais examinou em computador as fotografias tiradas da imagem e confirmou a existência não só do homem de barba, mas também de várias outras figuras humanas em ambos os olhos da Senhora.

Tudo isso seria verdade? Para ter uma resposta consistente e convincente, restava agora investigar mais a fundo o que eu conhecia apenas pela superfície.

As circunstâncias históricas

Antes de entrar na história propriamente dita das aparições da Senhora de Guadalupe, acho bom colocar as circunstâncias em que essa história aconteceu. Vamos fazer como o pintor que, antes de começar sua obra, aplica no fundo da tela uma camada preparatória de tinta sobre a qual vai fazer a pintura definitiva.

Como era o México naquele tempo, nos inícios do século XVI? Aquela região da Meso-América era habitada por numerosos indígenas, mais de 25 milhões segundo os cálculos dos historiadores, divididos em vários povos. Os mais adiantados de todos eram os maias, que chegaram a formar uma grande nação na região sudoeste, no Estado de Yucatán. Mas, no tempo das conquistas espanholas, nos inícios do século XVI, a civilização maia estava em plena decadência, em vias de extinção. Quem dominava então eram os mexicas[1] – também conhecidos como astecas. Eram fortes, de pele escura, nariz aquilino, cabelos curtos e grossos, e rostos redondos.

Eles haviam chegado do norte e se estabeleceram durante o século XIII no vale central do México. Ao longo de dois séculos de dominação, os mexicas formaram um grande império, com aproximadamente 15 milhões de habitantes espalhados por muitas cidades e aldeias.

A capital dos mexicas era Tenochtitlan, implantada em várias ilhotas dentro do lago Texcoco. Foi chamada de Veneza do Novo Mundo, por causa de suas casas construídas sobre as águas do lago, com ruas formadas por canais. Era uma cidade imensa, com mais de 300 mil habitantes, maior que a maioria das cidades da Europa daquele tempo. Ligava-se à terra firme por meio de várias "calçadas" ou pontilhões, construídas através do lago. De espaço em espaço, essas calçadas tinham pontes levadiças que podiam ser suspensas em caso de ataque de inimigos, interrompendo assim a passagem. Para abastecer de água a cidade, os astecas construíram longos aquedutos que traziam a água doce das montanhas, pois a água do lago não era potável por conter um alto teor de salinidade.

---

[1] No náhuatl, a palavra mexica é o plural de mexicatl, designava os habitantes das cidades de Tenochtitlan e outras ao redor. Os mexicas não se conheciam como astecas. A palavra "asteca" foi introduzida mais tarde, no século XIX, pelos historiadores, porque pensavam que os mexicas eram originários de uma região do norte chamada Astlán (donde asteca). A palavra mexica deu origem a México e mexicano.

A capital Tenochtitlan no lago Texcoco, ligada à terra pelos pontilhões.

A sociedade asteca era dividida em classes. Acima de todos estava o imperador ou *tlatoani* (orador), que governava o império junto com uma elite política. Abaixo dessa elite existia a classe dos militares, dos sacerdotes, dos comerciantes e dos artesãos. Os camponeses ocupavam a mais baixa posição da hierarquia social. Havia também os escravos, geralmente prisioneiros de guerra.

O imperador e os nobres moravam em grandes palácios feitos de pedras, com vários aposentos, pátios abertos e lindos jardins. Na zona rural as pessoas comuns habitavam em cabanas simples, feitas de tijolo, próximas umas das outras e dispostas em volta de uma praça quadrada.

Os astecas viviam principalmente da agricultura, que era muito desenvolvida. Para alimentar tanta gente, inventaram um sistema chamado de *chinampas*, sistema este tão eficiente que deixou os conquistadores espanhóis admirados. Eram canteiros extensos, construídos dentro da água. Na parte superior desses canteiros, era fixada uma esteira onde se depositava o lodo retirado do fundo. A fertilidade era tão boa que produzia cinco ou mais colheitas por ano.

A alimentação básica dos mexicas era o milho, consumido de diversas formas: moído como farinha, cozido em forma de papa, em panquecas ou em "tamales" (bolinhos recheados com pequenos insetos e girinos). Abóbora, feijão, tomate e pimenta faziam parte também da alimentação deles. A carne era privilégio das classes mais abastadas e o peixe era consumido somente em ocasiões especiais. Fabricavam também uma bebida extraída do cacau, conhecida como "xocoalt", que foi o ancestral de nosso chocolate.

Os astecas adoravam fazer compras. Por isso, o comércio tinha grande importância para eles. Admirado com a pujança desse comércio, o próprio conquistador espanhol Hernán Cortés escreveu em seu relatório: "O mercado central de Tlatelolco, a cidade irmã de Tenochtitlan, era visitado diariamente por 60 mil pessoas. Fazendeiros podiam vender seus produtos, oleiros vendiam recipientes de barro cozido e assim por diante. Outros vendedores eram comerciantes profissionais que viajavam de mercado em mercado para comercializar, buscando lucros".

Eles não usavam moedas. O comércio era feito por trocas de mercadorias (escambo) ou por meio de sementes de cacau, muito valorizadas. Nos mercados, um coelho pequeno valia 30 sementes de cacau, um ovo de perua valia três e uma "pamonha" valia uma única semente. Para compras maiores, eram usados tecidos de algodão, chamados "quachtli". Um homem também podia vender sua própria filha como escrava sexual ou para ser sacrificada em um ritual religioso, por um valor que girava em torno de 500 a 700 sementes de cacau.

A religião

O povo asteca era muito religioso, de tal modo que a religião participava intimamente de sua vida cotidiana. Cultuavam diversos deuses. Os principais e mais venerados eram *Huitzilopochtli* (ou *Huichilobos*), o deus da guerra, e *Tláloc*, deus da chuva. Era também muito cultuada a deusa Tlazolteotl – a devoradora das imundícies –, que consumia os pecados da humanidade. Seus sacerdotes podiam dar a absolvição aos pecadores, após o cumprimento da penitência. Há também referências a um deus sem face, invisível e impalpável, cujo templo era apenas uma torre, sem ídolo. Esse deus era definido como "aquele por quem se vive".

Gravura do deus Huitzilopochtli e estátua do deus Tláloc

Os astecas pensavam que suas colheitas amadureciam e seus exércitos venciam as batalhas porque os deuses os ajudavam. Se estes ficassem bravos ou zangados poderiam parar de ajudar. Por isso, era importante manter os deuses felizes com orações, danças e sacrifícios.

Uma das características principais da liturgia religiosa dos astecas era a realização de sacrifícios. De acordo com suas crenças, era necessário oferecer continuamente sangue humano ao deus Sol como alimento. O sangue era considerado o maior tesouro, mais valioso do que o ouro e a prata. Sem o sangue de cada dia, o sol não teria forças para combater a lua e as estrelas – suas inimigas – e nascer na manhã seguinte. E, então, o mundo acabaria.

Ofereciam também sacrifícios à lua e às estrelas para que elas tivessem força para combater o sol e assim houvesse o equilíbrio necessário para que a vida continuasse.

Para obter o maior tesouro – o sangue – e oferecê-lo aos ídolos, sacrifícios humanos eram realizados em grande escala. Segundo os historiadores, em torno de 20 mil por ano, o que dá uma média de 55 por dia. Em toda a história da humanidade não se conhece um povo que sacrificou mais pessoas humanas para seus deuses do que os astecas. Eles acreditavam que as almas das vítimas sacrificadas e dos guerreiros heróis iam para o céu do deus Sol, onde o acompanhavam transformadas em beija-flores.

Crianças também eram sacrificadas ao deus da chuva, Tláloc, pois acreditavam que as lágrimas das crianças pequenas sacrificadas garantiam as chuvas. Por isso, quanto mais choravam durante o sacrifício, mais chuva teriam. Rapazes eram sacrificados para Chalchihuitlicue, a deusa das águas do lago.

Para prover essa grande demanda de pessoas a serem sacrificadas, os astecas mantinham uma espécie de "guerra santa" ou "guerra florida" como eles a chamavam.[2] No início de cada mês

---

[2] Na poesia asteca flor significava também sangue.

– que era de 18 dias –, eles atacavam alguma posição inimiga para capturar prisioneiros. Muitos deles eram depois colocados em "cevas", isto é, eram conservados por algum tempo presos e bem alimentados para que engordassem e oferecessem boa carne para os banquetes após os sacrifícios. Os astecas eram canibais rituais, pois comiam a carne humana oferecida aos deuses. As partes mais apreciadas eram as pernas, as coxas e os braços.

As maiores construções das cidades eram os templos dedicados aos deuses. Consistiam de enormes pirâmides com escadarias que iam até o topo, onde ficavam os templos com os ídolos. Os sacrifícios eram feitos no alto das pirâmides, por ser um lugar mais perto do sol. A pessoa era levada pela escadaria até lá em cima, onde era segurada pelos pés e mãos por quatro ajudantes e inclinada de costa sobre a mesa do altar. Um sacerdote abria ao vivo o peito com uma faca feita de obsidiana (uma pedra muito dura e cortante) e retirava o coração ainda palpitante e o levantava ao alto oferecendo ao deus.

Depois o coração era queimado diante do ídolo. O sangue dos sacrificados escorria pelos degraus da escadaria e era lambuzado na estátua do deus e nas paredes. Os corpos das vítimas eram rolados escadaria abaixo e levados para serem comidos em refeições sagradas ou dados aos animais do zoológico do imperador.

Os mexicas acreditavam também que a humanidade havia sido criada e destruída por quatro vezes. Por isso, viviam com medo de que a destruição se repetisse. Parte da religião deles se baseava nesse medo e na tentativa de evitar o fim do mundo, por meio dos sacrifícios.

Os sacerdotes eram encarregados de cuidar dos templos e oferecer os sacrifícios. Tinham uma formação especial e geralmente eram hábeis astrônomos e escribas. Formavam um poderoso grupo social, encarregado de orientar a educação dos nobres, fazer previsões e dirigir as cerimônias rituais. Muitos deles viviam com o cabelo empastado com o sangue dos sacrifícios humanos – não se importando com o mau cheiro que exalavam. Outros tinham as orelhas e a língua esfrangalhadas pela automutilação, pois ofereciam o próprio sangue aos deuses furando a língua e as orelhas. Outros ainda se vestiam, durante vinte dias, com a pele retirada das vítimas, quando então "fediam como cães mortos".

Sacrifício humano ao deus sol (Códice Florentino)

A conquista do México

No tempo das conquistas espanholas – início do século XVI – o chefe ou *tlatoani* do império dos mexicas era Montezuma.[3] Já fazia tempo que ele andava pensativo e preocupado. Os comerciantes que viajavam por todo o território traziam notícias espantosas. Diziam que tinham visto montanhas flutuantes sobre o mar (navios) que traziam criaturas estranhas com armadu-

---
[3] Trata-se de Montezuma II. Existe também a grafia Moctezuma ou Moctecuhzoma.

ras de metal, "metade homens, metade cervos".⁴ Diziam ainda que esses monstros tinham armas que cuspiam fogo. Além disso, havia uma antiga lenda segundo a qual o deus Quetzalcóatl voltaria. Esse deus era descrito como um ser de rosto branco e barbado, pacífico e civilizador, que tentou acabar com os sacrifícios humanos. Mas não conseguiu. Por isso, emigrou para o leste, prometendo voltar um dia. Seriam aquelas criaturas estranhas – de cor branca e com barba – que estavam chegando do leste servos de Quetzalcóatl? Seriam monstros ou deuses?

Montezuma

Enquanto Montezuma se angustiava com esses pensamentos, o espanhol Hernán Cortés⁵ desembarcava num porto do golfo do México. Vinha de Cuba com uma esquadra de 11 navios, com 500 soldados e 16 cavalos, além de canhões, escopetas e muita pólvora, segundo conta o cronista Bernal Díaz del Castillo, que acompanhou Cortés durante toda a expedição da con-

---
⁴ Os índios que nunca tinham visto cavalo pensavam a princípio que cavalo e cavaleiro formavam uma coisa só, um monstro.
⁵ Também conhecido como Hernando Cortés ou Fernando Cortés.

quista do México.[6] Depois de mandar queimar os navios, porque alguns soldados queriam voltar para Cuba, Cortés entrou terra adentro na direção de Tenochtitlan, a capital do império asteca, que ficava distante aproximadamente 300 km da costa.

Logo no início enfrentou a resistência dos índios e teve que lhes dar combate. Depois das vitórias, Cortés adotava sempre uma atitude de conciliação com os vencidos: mandava reunir os chefes indígenas e propunha a paz. Geralmente havia trocas de presentes, nas quais os espanhóis recebiam objetos de ouro, estatuetas, tecidos, roupas etc. Bernal Diaz observa que esses presentes "não eram nada em comparação com as mulheres que lhes eram oferecidas pelos caciques". Cortés distribuía as índias entre seus capitães, mas eles somente as tomavam depois de batizadas e feitas cristãs. Entre elas havia uma "mui excelente" de nome Malintzin, que os espanhóis passaram a chamar de "La Malinche" ou Dona Marina, depois de batizada. Era filha de cacique, "segundo aparentava em sua pessoa". La Malinche foi muito útil para a expedição. Tinha boa eloquência e dotes de sugestão e persuasão. Por isso, estava sempre ao lado de Cortés para lhe dar informações a respeito dos costumes dos índios e servir como intérprete (ela aprendeu rapidamente o espanhol).

Em todos os povos indígenas, os espanhóis encontravam homens sacrificados nos templos. Os altares, os ídolos e as paredes se banhavam em sangue dos corações oferecidos em holocausto. Bernal Díaz comenta: "Em cada povo não achamos outra coisa. Algumas vezes os braços e as pernas haviam desaparecido e os

---

[6] Bernal Díaz del Castillo publicou suas crônicas na obra *Historia verdadera de la conquista de la Nuova España*.

índios explicavam que tinham sido levados para comer". Cortés geralmente mandava destruir os ídolos e em seguida fazia um altar, e colocava nele uma cruz e uma imagem de Nossa Senhora.

Em sua caminhada para Tenochtitlan, Cortés espertamente arrebanhou para seu exército muitos índios que odiavam os astecas por causa de suas atrocidades. Eles diziam que os astecas "roubavam o que eles tinham e suas mulheres e filhas, se eram bonitas, forçando-as diante deles e de seus maridos, e as tomavam e as faziam trabalhar como escravas; e os obrigavam a levar, em canoas e por terra, madeira, pedra, lenha, milho e a outros muitos serviços como cuidar dos milharais".[7] Os estrangeiros que estavam chegando eram para eles uma esperança de se libertarem do jugo dos astecas. Cortés logo percebeu isso e espertamente conquistou muitos guerreiros indígenas para seu exército.

A entrada em Tenochtitlan

Montezuma, amedrontado pelas notícias que recebia sobre os espanhóis e impressionado pela antiga lenda que dizia que o deus branco e barbado Quetzalcóatl iria voltar, resolveu receber bem os recém-chegados a seu império. Pois, segundo Bernal Díaz, eles foram vistos pelos mexicas como "teutes", isto é, como semideuses.

Ao chegarem, os espanhóis ficaram deslumbrados com a cidade e com tudo o que viam. "É algo que eu nunca sonhei", comentou Cortés. E Bernal Díaz escreveu: "Os grandes conjuntos e pirâmides e edifícios que se erguiam da água, todos

---

[7] Vasconcelos, José. *Breve História de México*. Ediciones Botas, México, 4. ed., p. 96.

feitos de pedra, pareciam uma visão encantadora... Era tudo tão maravilhoso que eu não sei como descrever essa primeira visão de coisas nunca ouvidas, vistas ou sonhadas antes".[8] Os caminhos ficaram lotados de índios que acorriam para ver aquela gente tão estranha, com suas armas e seus cavalos nunca antes vistos. E quando se aproximaram da cidade, "vieram muitos nobres e caciques com ricas mantas e vestimentas diversas. E, ao chegarem diante de Cortés, disseram que ele era muito bem-vindo por parte de Montezuma, e em sinal de paz tocavam o chão com as mãos e depois lhe beijavam a mão".[9]

Cortés e Montezuma encontraram-se pela primeira vez em novembro de 1519. O cronista Bernal Díaz foi testemunha ocular desse encontro e fez dele uma descrição detalhada. Montezuma veio transportado em uma liteira muito rica, acompanhado de senhores importantes e vassalos. Chegando perto, ele apeou da liteira e seguiu caminhando debaixo de um pálio riquíssimo sustentado por quatro homens. Estava vestido muito ricamente, com sandálias de solas de ouro e enfeitadas em cima com joias. Os senhores que o acompanhavam também estavam ricamente vestidos. E outros vinham na frente dele, varrendo o chão por onde ia passar, e estendiam mantas para que não pisasse na terra. Todos evitavam olhar diretamente no rosto do imperador e caminhavam com os olhos baixos e com muito respeito.

Por sua vez, Cortés também apeou do cavalo e caminhou ao encontro dele. Os dois se fizeram reverências. Montezuma

---

[8] Cf. *Viagens de Descobrimento*, Publicação de Abril Livros Ltda., 1991, p. 141.
[9] Vasconcelos, José. Op. cit., p. 98.

lhe deu as boas-vindas, e Cortés, tendo Dona Marina como intérprete, agradeceu a acolhida e "desejou que ele estivesse bem". Então, Cortés pegou um colar de margaridas e o colocou no pescoço de Montezuma. Em seguida, tentou dar-lhe um abraço. Mas "os senhores detiveram o braço de Cortés, porque aquele gesto era tido como desacato".

Encontro entre Cortés e Montezuma

Esse encontro teve uma grande assistência. Uma multidão de homens, mulheres e crianças apinhava-se nas ruas e terraços das casas e nas inúmeras canoas no lago, "todos ansiosos para ver".

Montezuma deu lindos presentes de ouro ao espanhol. Cortés ficou encantado – ali estava a prova da riqueza da América. Os espanhóis foram hospedados nos palácios reais e tratados regiamente. E ao chegar a um grande pátio, Montezuma tomou Cortés pela mão e o levou até o aposento onde ele devia ficar. Em seguida lhe colocou no pescoço um colar de ouro e, como Cortés lhe agradecesse, o imperador lhe disse: "Estais em vossa casa com os vossos irmãos. Descansai".

Visita ao templo maior

Passados quatro dias dentro dos aposentos e dos jardins, bem tratados e com boa comida, Cortés e alguns espanhóis resolveram dar uma volta até a praça da cidade onde ficavam os templos. Saíram a cavalo e armados. O cronista Bernal Diaz também seguiu junto e fez uma descrição de tudo o que aconteceu naquela primeira vez que entraram na praça monumental.

Ao saber da saída dos espanhóis, Montezuma também resolveu ir pessoalmente, pois tinha receio de que eles fossem profanar seus ídolos. Quando Cortés e os soldados chegaram ao grande templo, o imperador já estava lá queimando incenso e sacrificando aos deuses, pois ele também era sacerdote. E mandou alguns índios auxiliarem Cortés a subir a escadaria, como costumavam fazer com ele. Mas Cortés recusou a ajuda e subiu os 114 degraus acompanhado de alguns de seus homens. Chegaram lá em cima em uma plataforma e viram uma mesa de pedra onde as vítimas eram colocadas para o sacrifício. E notaram que havia muito sangue derramado naquele mesmo dia.

Montezuma tomou Cortés pela mão e mostrou-lhe a grande cidade e as casas ao redor do lago. "O grande e maldito templo, comenta Bernal, estava tão alto que proporcionava uma linda vista de tudo ao redor. De lá se viam as três calçadas que entram em México... e o cano de água doce que vem de Chapultepec, e as pontes sobre os canais, e a multidão das canoas no lago carregadas de mercadorias. De uma casa a outra se passava em pontes levadiças de madeira e havia inúmeros templos em forma de torres e fortalezas. Lá em baixo, na grande praça, uma multidão fazia o mercado". E os soldados comentaram que "praça tão bem alinhada com tanto capricho eles nunca tinham visto".

Cortés pediu que lhes mostrassem os deuses. Houve uma consulta entre os sacerdotes que, por fim, permitiram sua entrada a uma sala onde ficavam os altares. Sobre um deles estava o ídolo Huichilobos, deus da guerra, e a seus pés havia braseiros com incenso e com três corações de índios sacrificados naquele dia, que estavam sendo queimados. E o chão e as paredes estavam tão cheias de sangue "que tudo fedia muito mal". E em outro altar estava Texcatepuca, o deus dos infernos, encarregado das almas dos mortos. A seus pés estavam cinco corações sendo queimados. E na plataforma, continua Bernal, havia tantas coisas diabólicas e corações de índio queimando que "lhes roguei uma praga". E, como tudo fedia como carniça, "não víamos a hora de ficar livre de tanto fedor e de tão horrível visão".

Maquete da praça com os templos

Cortés disse a Montezuma, com a ajuda de intérprete, como que rindo: "Não entendo como um varão tão importante e sábio como Vossa Majestade não compreende que esses não são deuses, mas coisas más que se chamam diabos. E para que Vossa Majestade conheça e todos os vossos sacerdotes vejam, fazei-me o favor de colocar no alto desta torre uma cruz e na outra torre uma imagem de Nossa Senhora, e vereis o temor que esses ídolos terão deles".[10]

Montezuma ficou irritado e respondeu que, se soubesse que haveria tanta falta de respeito a seus deuses, ele não os teria mostrado. Notando a irritação do imperador e percebendo que os sacerdotes estavam fazendo maus sinais, os espanhóis resolveram sair e desceram a escada.

Prisão de Montezuma

Quatrocentos soldados, ainda que bem armados, no meio de uma cidade com mais de 300 mil habitantes era presa fácil, e Cortés compreendia muito bem essa situação. Por isso, planejou um golpe magistral. Depois de passar toda a noite em oração, diz Bernal Diaz, ele tomou consigo alguns capitães e mais a intérprete Dona Marina e dirigiram-se armados até o palácio do imperador. Depois dos cumprimentos de costume, Cortés ordenou-lhe que os acompanhasse, com muita calma, até os aposentos onde estavam hospedados. Montezuma se opôs, mas, diante das ameaças, cedeu. Cortés, então, mandou vir a liteira e o imperador foi conduzido até o quartel espanhol. "Como explicação, diz Bernal, foi dito aos índios que os ídolos haviam mandado que o imperador morasse com os estrangeiros. E Montezuma ficou na prisão bem tratado, servido por seus assessores e acompanhado por suas mulheres, com seus banhos e seus alimentos. Ficou preso sem se mostrar que estava preso."

---

[10] Vasconcelos, José. Op. cit., p. 103.

Da prisão, Montezuma despachava os negócios do império, logicamente de acordo com as vontades e os planos dos espanhóis. Foi assim que ele mandou trazer alguns caciques descontentes que não concordavam com a recepção dos estrangeiros e entregou-os a Cortés. Este mandou queimar os pés dos revoltosos, como castigo, e colocou algemas em Montezuma. Depois, dado por terminado o castigo, o próprio Cortés tirou as algemas do imperador e lhe fez carícias e prometeu que o trataria como irmão. Montezuma ficou tão comovido "que lhe saltaram as lágrimas".

Assim, os espanhóis governavam o império asteca por intermédio de seu próprio imperador prisioneiro. E houve um tempo de paz e tranquilidade, durante o qual Cortés aproveitou para mandar alguns de seus capitães a explorar as minas de ouro, tendo como guia os mapas fornecidos por Montezuma. Eles voltaram carregados de ouro. Cortés, então, mandou distribuir entre os seus o ouro encontrado e mais aquele que já tinham recebido como presente dos caciques – que era em grande quantidade. E animou os soldados dizendo que eles deviam considerar "as grandes cidade que existiam e as minas ricas, das quais todos seriam donos e ficariam muito prósperos e ricos".

A noite triste

Um capitão espanhol cometeu um erro grave: atacou e matou alguns índios que dançavam perto do templo onde se realizavam sacrifícios humanos. A desculpa que o capitão deu foi a de que os índios queriam retirar a cruz que os espanhóis tinham posto no alto do templo. Seja como for, esse erro provocou uma tremenda revolta entre todo o povo que se organizou em um poderoso exército.

Os espanhóis conseguiram resistir aos ataques durante dois dias e duas noites. Estando cercados por todos os lados, suplicaram a Montezuma que falasse a seus súditos e pedisse que terminassem com os ataques. Ele, então, subiu a um terraço e, enquanto falava ao povo, recebeu três pedradas, uma delas na cabeça. E morreu pouco depois. Os espanhóis sentiram muito a morte do imperador. "Cortés e todos os nossos capitães e soldados choramos por ele", anotou Bernal Diaz. Montezuma havia governado o império mexica por dezessete anos.[11]

Com a morte de seu imperador e ainda indignados com a profanação de seus deuses, os índios ficaram mais furiosos e intensificaram os ataques. Os espanhóis resolveram, então, fugir de noite, mas a ponte sobre a calçada estava destruída. Fizeram às pressas uma ponte de madeira, e todo o exército espanhol e seus aliados índios partiram em retirada, auxiliados pela escuridão da noite. Não querendo deixar para trás o tesouro que eles já possuíam em ouro e prata, carregaram com ele os cavalos feridos que não tinham condições de participar dos combates. O que não foi possível carregar nos cavalos, Cortés distribuiu entre os soldados, "para que não ficasse perdido entre

---

[11] Conta-se que, depois de submeter-se aos espanhóis, Montezuma interessou-se pela religião cristã, talvez com a intenção de incluir as figuras de Cristo e Maria no panteão dos deuses adorados pelos astecas. Ele teria mandado guardar a imagem de Nossa Senhora que Cortés havia colocado no grande templo, porque "Montezuma tinha tomado devoção por ela", conta Bernal Diaz. Quando ficou sabendo do significado da missa e da eucaristia, exclamou indignado diante de Cortés: "Mas quem és tu, vil criatura humana como eu, que te permites comer a carne de Deus e beber seu sangue?!" Como homem religioso que era, Montezuma se esforçava em aceitar a religião cristã, mas sentia enorme dificuldade em compreendê-la. Conta-se que teria feito a seguinte confusão: "Se os homens de sua tribo sacrificaram Cristo para seu Deus, por que adoram a Ele (Cristo), vítima sacrificial, e não ao próprio Deus?"

aqueles cães". Muitos soldados se carregaram pesadamente de ouro. Outros, mais prudentes, preferiram antes salvar a própria vida a morrer com o tesouro. O cronista Bernal Díaz foi um deles, mas confessou: "Não deixei de apanhar algumas pedras preciosas, jades muito apreciadas pelos índios, que coloquei no peito entre as armas e me serviram depois para adquirir comida e curar minhas feridas".

Refeita a ponte, passou Cortés com o primeiro batalhão de soldados e cavalos. Mas os astecas perceberam a fuga e atacaram com violência. Conseguiram destruir a ponte e no vão caíram muitos soldados e cavalos, afogando-se na lagoa. E os que não tinham atravessado foram massacrados. Exceção feita a Dona Marina, que foi salva pelos aliados tlaxcaltecas. Bernal comenta que muitos morreram na ponte "carregados de ouro". Mas Cortés e os que haviam passado conseguiram escapar pela calçada e chegaram à terra firme.

A fuga dos espanhóis aconteceu no dia 14 de julho de 1520. Morreram cerca de 800 soldados espanhóis e mais de mil índios aliados. Aquela noite ficou conhecida na história da conquista como "La Noche Triste" (A Noite Triste).

A tomada de Tenochtitlan

Hernán Cortés era um militar determinado e perseverante. Nada o detinha nem fazia desanimar. Resolveu voltar a Tenochtitlan para conquistar a cidade, que agora estava sendo governada por Cuauhtémoc. Antes, porém, fez o que sempre costumava fazer: aliciar índios para seu exército entre os povos que odiavam os astecas. E conseguiu arrebanhar milhares deles. O historiador José Vasconcelos observa: "Com razão se diz que foram os índios que fizeram a conquista. Pois, sem o desespero dos povos, por muito tempo submetidos à iniquidade, a façanha de Cortés não teria sido possível, nem com todo o seu gênio. Cada vez que os mexicas castigavam um povoado, era seu costume tomar as mulheres dos vencidos para violá-las e os homens para comê-los".[12] Os historiadores observam que a destruição dos astecas era inevitável, por causa justamente de sua religião. Ao fazerem prisioneiros entre os povos vizinhos nas "guerras floridas", com a finalidade de providenciar gente para os sacrifícios aos deuses, eles arrumavam muita encrenca e ódio. Nesse caso, é natural que o estrangeiro fosse recebido como libertador. E Cortés se aproveitou disso.

Em maio de 1521, os espanhóis voltaram com um grande exército formado em sua maioria por índios. Diz José Vasconcelos que, somando todos os índios das povoações, mais os que iam nas canoas pelo lago, Cortés chegou a reunir cem mil homens e mil e quinhentas canoas.

Com esse enorme contingente, ele cercou e atacou por terra e pelo lago a capital Tenochtitlan. Foi uma batalha feroz, uma verdadeira carnificina. Apenas em um dos ataques "morreram aproximadamente 12 mil almas". E para piorar a coisa, uma epidemia de varíola trazida pelos europeus estava causando uma mortalidade elevada. E os índios aliados usavam de tanta crueldade com os vencidos que "não deixavam vivo nenhum deles, por mais que os repreendêssemos e castigássemos". E não passavam

---

[12] Vasconcelos, José. Op. cit., p. 137.

fome, porque cortavam braços e pernas dos mortos para comer. Os mortos eram tantos que chegaram a obstruir as ruas e canais. Muitos astecas se refugiavam nas canoas e outros se jogavam na água e se afogavam. O imperador Cuauhtémoc foi preso ao fugir em uma canoa e foi levado à presença de Cortés. Vendo um punhal que Cortés levava na cintura, pediu-lhe que o apunhalasse. "Eu o animei, contou Cortés, e lhe disse que não tivesse nenhum medo."[13]

Com a prisão do imperador, a guerra terminou no dia 13 de agosto de 1521, depois de um cerco que durou 75 dias.

A chegada dos missionários

Depois da queda de Tenochtitlan, terminaram os combates e reinou a paz. Cortés, então, ocupou-se com a organização do novo império, que passou a se chamar Nova Espanha. Começou a reconstruir a cidade que estava arrasada, para fazer dela a capital. Essa reconstrução deu origem à cidade do México atual, que foi implantada justamente em cima da Tenochtitlan dos mexicas. As casas e os palácios da cidade foram arrasados e o grande templo foi derrubado pelos governantes espanhóis que usaram suas pedras para construir uma nova catedral. Os lagos foram mais tarde drenados, restando apenas um, ao sul da cidade.[14]

Uma coisa importante introduzida por Cortés foi a lei que tornava obrigatória a educação religiosa dos índios. E junto com a edu-

---

[13] O último imperador dos astecas, Cuauhtémoc, permaneceu preso junto dos espanhóis por vários anos. Um dia quiseram tirar dele a confissão de onde ele havia colocado os tesouros do Império e submeteram-no a torturas, queimando seus pés. Por fim, Cortés ordenou que o enforcassem em um galho de árvore, porque desconfiava que ele estava tramando uma revolta.
[14] A cidade do México é atualmente a mais populosa do mundo, com mais de 18 milhões de habitantes.

cação religiosa se incluía a educação artística, principalmente música e cânticos, como também os trabalhos manuais que melhoravam a condição dos índios e os incorporavam na civilização europeia.

Por solicitação do próprio Cortés a Carlos V, a Espanha mandou missionários ao México. O primeiro grupo chegou em maio de 1524. Diz José Vasconcelos que quando Cortés soube que os missionários haviam chegado ao porto de Veracruz, "mandou que fossem varridos os caminhos por onde eles iriam passar. E quando chegassem aos povoados e cidades, que repicassem os sinos que já naquele tempo existiam em muitos povos. E mandou que os espanhóis se ajoelhassem e lhes beijassem as mãos e batinas (para que os índios vissem como exemplo). E ao chegarem, Cortés os recebeu com muita amabilidade".[15] E fez questão de cumprir a lei: apeou-se do cavalo e tentou beijar a mão de frei Martin de Valência, o chefe da missão. Este, porém, não o consentiu. Cortés então lhe beijou o hábito. O mesmo fizeram todos os que o acompanhavam.

Em seu primeiro sermão aos índios – certamente com intérprete – frei Martin de Valência disse: "Deus nos envia de terras longínquas, não para buscar ouro e prata ou bens temporais, mas vossa salvação. Portanto, convém que coloqueis vossos filhos em nossas mãos. Eles, como crianças, entenderão facilmente a doutrina que nós pregamos. Em seguida, eles nos ajudarão a ensiná-la a vós".

E foi o que aconteceu. Os missionários franciscanos dedicaram-se à catequese.

---
[15] Vasconcelos, José. Op. cit., p. 155-156.

Henán Cortés

No fim da vida, o conquistador do México, Hernán Cortés, transferiu-se para a Espanha, onde morreu perto de Sevilha, em 2 de dezembro de 1547. Diz a história que teve um filho com a índia Dona Marina, a Malinche. Assim ele deu início ao processo de mistura das raças, formando os mestiços mexicanos.

2
A história do manto sagrado

Depois de ter colocado o pano de fundo, isto é, as circunstâncias históricas dos inícios do século XVI, é hora agora de narrar os acontecimentos que se inserem neste contexto e que têm como protagonista o vidente Juan Diego, que, dizem, teve várias visões da Virgem Maria.

Com a catequese introduzida pelos frades, os astecas iam convertendo-se aos poucos ao cristianismo. O índio Juan Diego e sua família foram um dos primeiros a abandonar os deuses e os sacrifícios humanos e abraçar a nova religião. Ele era casado com Maria Lúcia, que faleceu em 1529. Não tinha filhos e foi morar com seu tio Juan Bernardino. Frequentemente se dirigia ao convento dos religiosos para aprender o catecismo. Não sabia que em breve ele seria o protagonista de uma história maravilhosa.

O mais antigo documento que relata a historia de Juan Diego e suas visões é o assim chamado *Nican Mopohua*. Foi escrito na língua náhuatl dos mexicas, entre os anos 1545 e 1560, por Antônio Valeriano, um índio asteca convertido ao cristianismo, muito culto e inteligente. Além de sua língua materna, ele sabia o espanhol e o latim, aprendidos com os frades franciscanos.

Valeriano foi conterrâneo de Juan Diego. Teria onze anos quando aconteceram as aparições e vinte e oito quando Juan Diego morreu. É bem provável, então, que ele tenha ouvido a história dos lábios do próprio vidente. O relato de Valeriano foi escrito em náhuatl e mais tarde traduzido para o espanhol por Luis Lasso de la Veja, que o mandou imprimir em 1649. Infelizmente o original escrito pelo índio ainda não foi encontrado. O que quer dizer *Nican Mopohua*? Simplesmente: "Aqui se conta ordenadamente...". São as duas primeiras palavras na língua náhuatl que dão início à narrativa das aparições. Essas duas palavras passaram a ser o título do documento.

A história que vamos contar a seguir está baseada no *Nican Mopohua*, por ser esse documento a melhor e mais completa narração das aparições.[1] A linguagem é simples e encantadora, que usa o modo de pensar e de se expressar característico dos índios mexicas.

Introdução

Aqui se conta ordenadamente como, há pouco tempo, a perfeita virgem santa Maria, mãe de Deus, nossa Rainha, apareceu milagrosamente lá no Tepeyac, chamado Guadalupe.

Em primeiro lugar, ela deixou-se ver por um indiozinho de nome Juan Diego. Depois sua preciosa imagem apareceu diante do recém-chegado bispo D. Juan de Zumárraga.

Dez anos depois da conquista da cidade do México, a guerra terminou, houve paz entre os povos e, ao mesmo tempo, começou a brotar a fé, o conhecimento do verdadeiro Deus por quem se vive.

Naquela época, no ano de 1531, no início do mês de dezembro, aconteceu que havia um indiozinho de nome Juan

---

[1] Nossa tradução está baseada no texto espanhol.

Diego, segundo se diz morador de Cuauhtitlán, e que nas coisas de Deus pertencia a Tlatelolco.²

Primeira aparição: A mensagem

Era sábado, bem de madrugada, e ele vinha em busca de Deus e de seus mandamentos.³ Ao chegar junto à colina chamada Tepeyac, estava amanhecendo. Ouviu gorjeios no alto da colina, como cantos de vários pássaros preciosos; e quando calavam os cantores, parecia que o morro lhes respondia. Seu canto, muito suave e melodioso, era mais bonito que o do coyoltótotl, do tzinitzcan e de outros pássaros lindos que cantam.

Juan Diego parou para ver o que havia e disse para si:

– Por ventura sou digno do que estou ouvindo? Estou sonhando? Estou dormindo em pé? Onde estou? Acaso no paraíso terrestre de que nos falavam nossos antepassados? Acaso já estou no céu?

Olhava para o alto da colina, do lado onde nasce o sol, de onde vinha o precioso canto celestial. E, quando o canto parou de repente e se fez silêncio, ouviu que o chamavam do alto do morro e lhe diziam:

– Juanito, Juan Dieguito!⁴

Imediatamente se atreveu a subir até onde o chamavam. Não teve medo; ao contrário, foi subindo a colina muito contente para ver de onde o chamavam. Quando chegou ao topo,

---

² Tlatelolco, cidade próxima a Tenochtitlan, onde ficava o convento dos franciscanos.
³ Ia à missa e ao catecismo.
⁴ A Senhora usa o diminutivo, conforme o costume entre os índios. Até hoje os mexicanos costumam usar carinhosamente o diminutivo no trato com as pessoas: Juanito, Pablito... Esse costume eles herdaram dos astecas.

viu uma Senhora que estava lá de pé e que lhe acenava para que se aproximasse.

Quando chegou diante dela, ficou maravilhado de sua grandeza sobre-humana: seu vestido resplandecia como o sol; a penha onde pousava seus pés irradiava resplendores como de pedras preciosas; e a terra reluzia como o arco-íris. Os espinheiros e cactos, e as demais ervas que ali costumam crescer pareciam esmeraldas; sua folhagem, finas turquesas; e seus ramos e espinhos brilhavam como ouro.

Aparição da Virgem a Juan Diego

Inclinou-se diante dela e ouviu suas palavras, muito suaves e educadas, como de alguém que encanta e cativa. Ela lhe disse:

– Juanito, o menor de meus filhos, aonde vais?

Ele respondeu:

– Senhora e minha Menina, tenho que chegar a tua casa do México, Tlatelolco, para seguir as coisas de Deus que nos ensinam nossos sacerdotes, delegados de Nosso Senhor.

A seguir ela lhe falou e revelou sua santa vontade. Disse-lhe:

– Saiba e tenha por certo, meu filho o menor, que eu sou a perfeita sempre Virgem Santa Maria, Mãe do verdadeiro Deus, por quem se vive, o Criador das pessoas, o Senhor do céu e da terra. Desejo muito que aqui seja construído um templo para nele mostrar e dar todo o meu amor, compaixão, socorro e defesa, pois eu sou vossa piedosa Mãe, tua e de todos os homens que nesta terra estais reunidos e de todas as outras pessoas que me amam, que me invocam e confiam em mim; (desejo) ouvir ali seus lamentos e remediar todas as suas misérias, sofrimentos e dores. E para que se realize meu desejo misericordioso, vai ao palácio do bispo do México e dize-lhe que te envio para lhe manifestar o que eu muito desejo: que me construa aqui na planície um templo. Tudo lhe contarás, tudo o que viste e admiraste e o que ouviste. E tem por certo que te agradecerei muito e te pagarei, que por isso te enriquecerei e te glorificarei; com isso merecerás muito que eu retribua teu cansaço, teu trabalho em ir fazer o que te encomendo. Já ouviste meu desejo, meu filho o menor. Vai e põe todo o teu empenho.

A colina Tepeyac (ao fundo)
ligada a Tenochtitlan através do
pontilhão

Imediatamente ele inclinou-se diante dela e disse:

– Minha Senhora, vou já fazer o que me pedes. E por agora me despeço de ti, eu, teu humilde servo.

Em seguida desceu para executar a tarefa e seguiu pela calçada (pontilhão) que vai em linha reta até a cidade do México (Tenochtitlan).

Ao entrar na cidade, dirigiu-se imediatamente ao palácio do bispo que era o prelado que havia chegado muito recentemente e se chamava Frei Juan de Zumárraga, religioso franciscano. Assim que chegou, tentou vê-lo, pedindo aos seus criados que fossem avisá-lo. Passado um longo tempo, vieram chamá-lo, pois o bispo havia mandado que ele entrasse.

Logo que entrou, [Juan Diego] inclinou-se e ajoelhou-se diante dele. Em seguida deu-lhe o recado da Senhora do céu e também lhe contou tudo o que tinha admirado, o que tinha visto e ouvido.

Depois de escutar toda a sua narrativa e seu recado, o bispo pareceu não acreditar. E respondeu-lhe:

– Meu filho, voltarás outra vez e te ouvirei com calma; examinarei tudo desde o começo e considerarei a vontade e o desejo com que vieste aqui.

[Juan Diego] saiu e foi embora triste porque sua mensagem não havia sido realizada de modo nenhum.

Segunda aparição

Voltou no mesmo dia e foi diretamente ao topo da colina e encontrou-se com a Senhora do Céu que o estava esperando, lá mesmo onde a tinha visto pela primeira vez. Ao vê-la, prostrou-se diante dela e disse:

– Senhora, a menor de minhas filhas, minha Menina, fui aonde me mandaste para cumprir teu desejo. Com grande dificuldade entrei onde fica o prelado, eu o vi e lhe expus tua mensagem como me ordenaste. Ele recebeu-me amavelmente e ouviu-me com atenção; mas, pelo que me respondeu, pareceu que não tinha certeza. E me disse: "Voltarás outra vez e te ouvirei com calma; examinarei tudo desde o começo e considerarei a vontade e o desejo com que vieste aqui". Compreendi perfeitamente pela maneira como me respondeu que ele pensa que talvez seja invenção minha teu desejo de se construir aqui um templo, que talvez não seja ordem tua. Por isso, muito te suplico, Senhora e Menina minha, que encarregues algum dos estimados nobres, alguém que seja conhecido, respeitado e honrado, para levar tua mensagem, a fim de que nela creiam. Porque eu sou um homem do campo, um farrapo, um capacho, sou cauda, sou folha, sou gente miúda. E tu, minha Menina, a menor de minhas filhas, Senhora, envias-me a um lugar por onde não ando e onde não me detenho. Perdoa-me se te causo grande pesar e caia em teu desgosto, Senhora e Dona minha.

A Santíssima Virgem lhe respondeu:

– Escuta, o menor de meus filhos, ouviste que são muitos meus servidores e mensageiros a quem posso encarregar de levar minha mensagem e façam minha vontade. Mas é muito necessário que tu pessoalmente peças e ajudes e que, por tua intercessão, se cumpra minha vontade. Peço-te encarecidamente, meu filho o menor, e com rigor te mando que voltes outra vez a ver o bispo. Fala em meu nome e faze-lhe ouvir inteiramente minha vontade: que tem de construir o templo que lhe peço. E dize-lhe novamente que eu em pessoa, a sempre Virgem Santa Maria, Mãe de Deus, te envia.

Juan Diego, por sua vez, respondeu:

– Senhora e Menina minha, que eu não te cause aflição. Com todo gosto irei pôr em prática tua ordem. De modo nenhum deixarei de cumpri-la, nem tenho por penoso o caminho. Irei fazer tua vontade. Mas talvez não serei ouvido com agrado; ou, se for ouvido, talvez não creiam em mim. Amanhã à tarde, ao pôr do sol, voltarei com a resposta a tua mensagem, com o que o prelado me tiver dito. Por ora despeço-me de ti, minha Filha a menor, minha Menina e Senhora. Descansa agora.

A seguir foi ele para casa a fim de descansar.

No dia seguinte, domingo, bem de madrugada, saiu de sua casa e foi direto a Tlatelolco para instruir-se nas coisas divinas, para ser contado na lista e depois ver o prelado. Por volta das dez horas, estava preparado: tinha participado da missa, a chamada já havia sido feita e a multidão se dispersara.

E Juan Diego foi imediatamente ao palácio do senhor bispo. Logo ao chegar, fez todo empenho para vê-lo, e novamente com muita dificuldade voltou a ser recebido. Ajoelhou-se a seus pés; entristeceu-se e chorou ao expor-lhe os desejos da Senhora do Céu, pois desejava que fosse aceita sua mensagem, a vontade da Imaculada de que lhe erigissem seu templo no lugar onde ela queria.

O senhor bispo, para certificar-se, perguntou-lhe muitas coisas, onde a tinha visto e como ela era. E [Juan Diego] contou tudo perfeitamente ao senhor bispo. Mas, apesar de lhe ter descrito com precisão a figura dela e tudo o que havia visto e admirado, que tudo indicava ser ela a sempre virgem santíssima Mãe do salvador nosso Senhor Jesus Cristo, nem por isso o bispo acreditou nele e disse que não realizaria o que lhe pedia só por sua palavra e seu pedido, mas que era muito necessário algum sinal para que ele pudesse crer que era a própria Senhora do céu que o enviava.

Assim que Juan Diego ouviu essas palavras, disse ao bispo:
– Senhor, vê qual será o sinal que queres, que logo irei pedi-lo à Senhora do céu que me enviou aqui.

O bispo, ao perceber que ele aprovava tudo sem duvidar nem retratar nada, despediu-o. E, enquanto ele se afastava, ordenou imediatamente a algumas pessoas de sua casa, em quem podia confiar, que observassem aonde ele ia, com quem se encontrava, com quem conversava. E assim se fez. E Juan Diego foi pelo caminho mais direto, através da calçada. Os que vinham atrás dele perderam-no de vista na ponte de madeira, lá onde o dique termina, perto do Tepeyac. Mesmo o procurando por toda a parte, não conseguiram mais vê-lo em lugar nenhum.

Tiveram, pois, de voltar. E ficaram irritados não só porque tinham tido grande incômodo, mas também porque se consideravam frustrados em seu intento. E foram contar ao senhor bispo o que havia acontecido e meteram-lhe na cabeça que não devia dar-lhe crédito. Disseram-lhe que Juan Diego só contava mentiras, que só inventava o que lhe dizia, o que lhe pedia. Em suma, disseram que se ele voltasse outra vez, haviam de agarrá-lo e castigá-lo com dureza para que nunca mais mentisse e enganasse.

Terceira aparição

Nesse meio tempo, Juan Diego estava com a santíssima Virgem, dando-lhe a resposta que trazia do senhor bispo. Depois que a Senhora ouviu, disse-lhe:

– Está bem, meu filhinho, voltarás aqui amanhã para levares ao bispo o sinal que te pediu; com isso ele acreditará em ti e já não duvidará de ti nem de ti suspeitará acerca desse assunto. E saibas, meu filhinho, que eu pagarei tuas preocupações e o trabalho e o cansaço que tomaste a peito por mim. Vai-te agora, que amanhã te espero aqui.

No dia seguinte, segunda-feira, quando Juan Diego devia levar algum sinal para ser acreditado, não voltou. Porque, ao chegar em casa, um tio seu chamado Juan Bernardino havia adoecido e estava muito mal. Primeiro foi chamar um médico e fez o que pôde, mas já era tarde, pois o estado do tio era muito grave. De noite, o tio pediu-lhe que saísse de madrugada e fosse a Tlatelolco chamar um sacerdote para que viesse confessá-lo e prepará-lo, porque estava certo de que chegara a hora de morrer e que já não se levantaria nem se curaria.

Quarta aparição

Na terça-feira, bem de madrugada, saiu Juan Diego de sua casa a caminho de Tlatelolco, para chamar o sacerdote. Quando estava chegando, no caminho que passa ao lado da colina de Tepeyac, na direção do sol poente, por onde costumava passar, disse para si mesmo:

– Se eu for pelo caminho mais direto, certamente a Senhora me verá e, como das outras vezes, com certeza vai reter-me para que eu leve o sinal ao prelado, como me havia mandado. Que primeiro nossa tribulação nos deixe, que antes eu vá chamar o sacerdote religioso, pois o pobre do meu tio certamente o está aguardando.

Contornou, então, a colina, e passou ao outro lado, na direção do oriente, para chegar rapidamente ao México e para que a Senhora não o detivesse. Pensou que por onde ele tinha dado a volta não podia vê-lo aquela que enxerga perfeitamente todos os lugares. Juan Diego viu-a descendo do alto da colina e percebeu que de lá estivera a observá-lo, do lugar de onde antes o via. Saiu a Virgem ao encontro dele em um lado da colina e lhe disse:

– O que está acontecendo, meu filho o menor? Aonde vais?

Ele ficou surpreso, envergonhado e assustado. Inclinou-se diante dela e a saudou, dizendo:

– Minha Menina, a menor de minhas filhas, Senhora, oxalá estejas contente. Como amanheceste hoje? Estás bem de saúde, Senhora e Menina minha? Vou te causar uma aflição: sabe, Menina minha, que está passando muito mal um teu servo, meu tio. Ele pegou uma doença grave e está para morrer. Estou agora indo depressa a tua casa do México para chamar um dos sacerdotes amados de Nosso Senhor para que vá confessá-lo e prepará-lo. Porque, desde que nascemos, ficamos aguardando o trabalho de nossa morte. Mas, assim que o tiver feito, aqui voltarei em seguida para ir levar tua mensagem. Senhora e Menina minha, perdoa-me e tem por ora paciência. Não estou te enganando, filha minha a menor. Amanhã virei a toda pressa.

Assim que terminou de ouvir as razões de Juan Diego, respondeu-lhe a piedosíssima Virgem:

– Escuta e entende, filho meu o menor, que o que te assusta e te aflige é nada. Não perturbe teu coração. Não temas essa doença nem qualquer outra enfermidade ou angústia. Não estou eu aqui? Não sou eu tua mãe? Não estás debaixo de minha sombra? Não sou eu tua saúde? Não estás por acaso em meu regaço? De que precisas mais? Nada te aflija ou te perturbe. Não te aflija a doença de teu tio, que não morrerá dela por agora: tenha por certo que ele já se curou. (E então, seu tio ficou curado, como depois se soube.)

Quando Juan Diego ouviu essas palavras da Senhora do céu, ficou muito consolado, muito contente. E suplicou que quanto antes ela o enviasse ao senhor bispo para levar-lhe algum sinal ou prova para que acreditasse.

A Senhora do céu mandou então que ele subisse até o topo da montanha, lá onde anteriormente ele a via, e disse-lhe:

– Sobe, meu filho o menor, sobe ao topo da colina, lá onde me viste e recebeste minhas ordens. Ali verás flores variegadas. Corta-as, reúne-as, coloca-as todas juntas. Em seguida desce até aqui e traze-as a minha presença.

Juan Diego subiu sem perda de tempo a colina. E quando chegou ao topo, admirou-se muito ao ver que haviam brotado tantas e variegadas rosas finas de Castela,[5] antes do tempo que costumam florescer, porque era a es-

---

[5] Rosas de Castela são espécies de rosas grandes, viçosas e perfumadas.

tação em que se forma o gelo. Estavam muito perfumadas e cheias do orvalho da noite, que parecia pérolas preciosas. Ele logo começou a cortá-las, juntou-as todas e colocou-as em seu regaço.

O alto da colina não era lugar favorável para o crescimento de qualquer flor, porque lá havia muitos abrolhos, espinhos, nopales e mezquites. E era o mês de dezembro que o gelo queima e põe tudo a perder.

Ele desceu imediatamente e levou à Senhora do céu as diversas rosas que tinha ido cortar. E quando ela as viu, tomou-as em sua mão e depois voltou a pô-las no regaço, dizendo:

– Meu filhinho o menor, estas diversas rosas são a prova e o sinal que levarás ao bispo. Dirás a ele em meu nome que veja nelas minha vontade e que ele tem de cumpri-la. Tu serás meu mensageiro, muito digno de confiança. Ordeno-te rigorosamente que somente diante do bispo abras teu manto e mostres o que estás levando. E lhe contarás tudo cuidadosamente; dirás que te mandei subir ao topo da colina para cortar as flores, e todas as demais coisas que viste e admiraste, para que possas convencer o prelado a dar sua ajuda, a fim de que se construa e se edifique o templo que lhe pedi.

E quando a Senhora do céu acabou de lhe dar sua ordem, ele dirigiu-se à calçada que vai dar direto ao México, já contente e convencido de que tudo estava dando certo, levando o que trazia em seu regaço, com muito cuidado para que nada caísse de suas mãos, e ia apreciando o perfume das diversas preciosas flores.

A misteriosa "impressão" da imagem

Quando chegou ao palácio do bispo, saíram a seu encontro o mordomo e os outros criados do prelado. Suplicou a eles que o deixassem ver o bispo, mas nenhum deles quis, fingindo que não o ouviam, seja porque era ainda muito cedo, seja porque já o conheciam, que só os molestava e lhes era importuno. Além disso, já tinham sido alertados por seus companheiros, aqueles que o haviam perdido de vista quando tentaram segui-lo.

Ficou esperando por um longo tempo. E quando viram que fazia tempo que estava lá, de pé, cabisbaixo, sem fazer nada, esperando ser chamado e, ao perceberem que parecia esconder alguma coisa em seu manto, aproximaram-se dele para ver o que trazia e satisfazer sua curiosidade.

Vendo Juan Diego que não lhes podia ocultar o que trazia e que eles poderiam molestá-lo, empurrá-lo ou lhe dar pauladas, mostrou-lhes um pouquinho as flores. E ao ver que todas eram variadas rosas de Castela, e que então não era o tempo em que elas floresciam, admiraram-se muitíssimo por isso e pelo fato de estarem muito frescas e tão abertas, tão perfumadas e tão bonitas.

Quiseram pegar e tirar algumas, mas não tiveram sorte nas três vezes que se atreveram a tomá-las. Não tiveram sorte porque, quando iam pegá-las, já não viam verdadeiras flores, porque lhes pareciam pintadas, bordadas ou costuradas no manto.

Foram logo dizer ao senhor bispo o que tinham visto e que o indiozinho, que tantas vezes lá estivera, queria vê-lo; e que fazia tempo que ele estava esperando, querendo vê-lo. O senhor bispo, ao ouvi-los, percebeu que aquela era a prova para convencê-lo e para que executasse o que lhe pedia o indiozinho. Imediatamente deu ordem para que ele entrasse.

Logo que entrou, Juan Diego prostrou-se diante dele, como já havia feito nas vezes anteriores, e contou novamente tudo o que havia visto e admirado, como também sua mensagem. Disse-lhe:

– Senhor, fiz o que me mandaste, fui dizer a minha Ama, a Senhora do céu, santa Maria, preciosa Mãe de Deus, que pedias um sinal para poder acreditar em mim, para que lhe fizesses um templo lá onde ela te pede que seja construído; e também lhe disse que eu te havia dado minha palavra de trazer-te algum sinal e prova de sua vontade, como me pediste.

Ela escutou bem teu recado e recebeu com agrado teu pedido de um sinal e prova para que se cumpra sua vontade. Hoje muito cedo me mandou que viesse ver-te outra vez. Pedi a ela o sinal para ser acreditado, conforme havia dito que me daria. E ela imediatamente cumpriu a palavra: mandou-me subir ao topo do morro onde anteriormente a tinha visto, para que ali cortasse várias rosas de Castela. E depois de as ter cortado, fui levá-las para baixo; ela tomou-as em sua mão e novamente colocou-as em meu manto para que eu viesse trazê-las a ti e para que a ti pessoalmente as entregasse.

Ainda que eu bem soubesse que o topo da colina não é lugar em que cresçam flores, porque ali só há abundância de penhas, de abrolhos, de espinheiros, de nopales e mezquites, nem por isso duvidei. Quando cheguei ao topo do morro, pensei que estivesse no paraíso. Ali havia juntas todas as várias e preciosas rosas de Castela, cheias de orvalho brilhante, de modo que logo as fui cortar.

Ela me disse por que razão eu devia entregá-las a ti. E assim o faço, para que nelas vejas o sinal que me pedes e cumpras sua vontade; e também para que apareça a verdade de minha palavra e de minha mensagem. Aqui estão elas, recebe-as.

A seguir estendeu seu manto branco, pois tinha as flores em seu regaço. E quando caíram ao chão todas as variadas rosas de Castela, estampou-se nele e apareceu de repente a preciosa imagem da sempre Virgem Santa Maria, Mãe de Deus, na forma em que está e se guarda hoje em seu templo de Tepeyac, que se chama Guadalupe.

"Aqui estão as rosas, recebe-as"

Quando o senhor bispo a viu, ele e todos os que ali estavam se ajoelharam, admiraram-na longamente, puseram-se de pé para vê-la, entristeceram-se e afligiram-se, mostrando que a contemplavam com o coração e o pensamento.

O senhor bispo, com lágrimas de tristeza, orou e lhe pediu perdão por não ter realizado sua vontade e seu pedido. Quando se pôs de pé, desatou do pescoço de Juan Diego, ao qual estava atado, o manto em que se estampou e apareceu a Senhora do céu. Em seguida levou-o e foi colocá-lo em seu oratório.

Juan Diego ainda passou um dia na casa do bispo, que ali o reteve. No dia seguinte, o bispo disse-lhe:

• Anda, vamos, mostra-me onde é vontade da Senhora do céu que lhe ergam seu templo.

Imediatamente foram todos convidados para construí-lo. E Juan Diego, logo depois de ter mostrado o local onde a Senhora do céu mandara que se erigisse seu templo, pediu licença para retirar-se. Queria agora ir até sua casa para ver o tio Juan Bernardino, que estava muito doente quando o deixara, a fim de ir a Tlatelolco chamar um sacerdote para o confessar e prepará-lo, e de quem a Senhora do céu dissera que já estava curado.

Aparição a Juan Bernardino

Mas não o deixaram ir sozinho, acompanharam-no até sua casa. Ao chegarem, viram que seu tio estava muito contente e que nada lhe doía. E ele, por sua vez, admirou-se muito da forma como seu sobrinho vinha acompanhado, com muita honraria. Perguntou-lhe por que estava acontecendo aquilo, qual a razão de tanta honra. Seu sobrinho lhe respondeu que, quando o deixara para ir chamar um sacerdote para confessá--lo e prepará-lo, lá no Tepeyac lhe havia aparecido a Senhora do céu, que lhe disse para não se afligir, porque seu tio já estava bem, com o que muito se consolou, e mandou-o para o México a fim de ver o senhor bispo para que este lhe construísse uma casa no Tepeyac.

O tio confirmou-lhe que era verdade, que naquele momento o havia curado e que ele a tinha visto da mesma forma como aparecia a seu sobrinho, e que ficou sabendo por ela que o havia enviado ao México para ver o bispo. E na ocasião também lhe dissera a Senhora que, quando ele (Juan Bernardino) fosse ver o bispo, lhe revelasse o que viu e de que maneira milagrosa o havia curado, e que sua bendita imagem deveria ser chamada, deveria ser nomeada exatamente assim: a sempre Virgem Santa Maria de Guadalupe.

Imediatamente, levaram Juan Bernardino à presença do bispo, para falar com ele, para que desse testemunho. E o bispo os hospedou em sua casa, a ele e a seu sobrinho, por alguns dias, até que se terminou de construir o templo da Rainha no Tepeyac, onde Juan Diego a tinha visto.

E o senhor bispo transladou para a Igreja Maior a santa imagem da amada Senhora do céu. Tirou-a do oratório de seu palácio, onde estava, para que todo o povo viesse e admirasse a sua bendita imagem. A cidade toda se comoveu. Vinham todos ver e admirar sua devota imagem e fazer-lhe orações. Muito se admiravam da milagrosa maneira como havia aparecido. Porque nenhuma pessoa deste mundo pintou sua preciosa imagem.

Até aqui a narração pormenorizada das aparições de Nossa Senhora no morro do Tepeyac e da impressão misteriosa de sua imagem no manto de Juan Diego, contada pelo índio Antônio Valeriano. O Nican Mopohua segue adiante dando uma descrição da Senhora, descrição esta que é exatamente a da imagem que está hoje exposta na basílica da cidade do México.

Depois da narração dessa história encantadora das aparições da Virgem de Tepeyac, contada pelo índio Valeriano, falta-nos ainda esclarecer dúvidas e responder a algumas perguntas:

- O que era o manto – também conhecido como tilma ou ayate – usado por Juan Diego? Com que material era feito? Como pode ser explicada sua conservação por quase 500 anos?
- A imagem na túnica do índio foi impressa milagrosamente ou é uma pintura feita por mãos humanas?
- Existem de fato figuras de pessoas refletidas nos olhos da Senhora, como dizem? O que afirmam os cientistas e especialistas em pintura? Qual é a opinião dos médicos e oftalmologistas?
- Por que aquela Senhora chama-se Guadalupe?

Para responder a essas perguntas, resta-nos agora fazer uma investigação rigorosa sobre os fatos.

3
Os mistérios do manto

O modo de se vestir dos astecas nos é bem conhecido, por meio de muitos documentos, especialmente dos códices. Os homens se vestiam com uma espécie de tanga que era usada normalmente durante o dia, no trabalho, e também à noite. Era feita de um pano único que envolvia a cintura, passava por entre as pernas e amarrava-se com um nó na frente (os astecas não conheciam botão nem broche). As pontas que sobravam pendiam pela frente e por trás.

Além da tanga, os homens usavam um manto conhecido como *tilma*, que era preso pelo pescoço ou no ombro. Esse manto era necessário principalmente no inverno para proteger do frio. A tilma dos nobres (sacerdotes, guerreiros, funcionários) era feita de algodão e enfeitada com ouro, pedras preciosas e desenhos coloridos. Os pobres usavam um manto mais simples, sem enfeites, feito com um tecido ralo e grosseiro chamado *ayate*, que era confeccionado com fios retirados de uma planta conhecida como *maguey*.[1] As mulheres usavam saia e blusa. (Ver a gravura seguinte, do códice Mendoza.)

---

[1] Maguey é uma das espécies de agave ou pita, planta muito comum no México. O manto ou ayate de Juan Diego é feito de uma das 175 espécies de agave. A planta era macetada com pau até soltar as fibras, que eram depois fervidas em água para que os restos se desprendessem.

Gravura de índios, na qual se observa o modo de vestir dos homens e das mulheres astecas

A tanga e a tilma eram as vestimentas básicas dos homens astecas. Mas os sacerdotes e guerreiros usavam às vezes por baixo da tilma ou em lugar dela uma túnica de mangas curtas amarrada por um laço na cintura. A tilma dos sacerdotes era de cor preta ou verde bem escuro, muitas vezes bordada com caveiras e ossos humanos. A do imperador era turquesa (verde azulada), e só ele podia usar essa cor, que era o sinal da realeza.

A tilma com a estampa da Virgem, que está hoje na basílica de Guadalupe e que se supõe ser a mesma que Juan Diego vestia no dia 12 de dezembro de 1531, mede 1,72m de altura e 1,07m de largura. É composta de duas partes unidas por uma costura de fio de algodão. Trata-se de uma capa ou manto dos mais simples e rudimentares. A imagem da Senhora que está gravada nela mede 1,40m de altura.

A história contada no Nican Mopohua concorda, portanto, com o que se sabe do modo de vestir dos índios astecas.

Juan Diego era um *macehualli*, quer dizer, um homem do campo, um plebeu, um "pobre índio", mas não era um escravo. Usava, portanto, uma tanga e uma tilma simples de fio de maguey, sem enfeites e sem desenhos coloridos. Andava descalço, pois somente os nobres usavam o *cactli*, uma espécie de sandália.

O manto com a imagem da Virgem exposto na basílica da cidade do México já foi objeto de várias análises. Foi provado que o tecido feito com a fibra de maguey tem tempo de vida de no máximo 50 anos. Então, por que a tilma de Juan Diego se conservou intacta até hoje, depois de quase 500 anos? Esta é uma questão que os cientistas e investigadores tentaram responder.

Atualmente, o ayate com a imagem da Virgem fica protegido com um vidro. Mas antigamente não. Por mais de cem anos ficou exposto diretamente às intempéries, à fumaça das velas votivas e aos toques dos fiéis que encostavam nele as mãos, os terços, as imagens, as medalhas e outros objetos. Foi somente em 1647 que o ayate recebeu o primeiro vidro de proteção enviado da Espanha.

Além disso, ele ficou exposto na capela situada aos pés da colina do Tepeyac, um lugar muito úmido, próximo dos lagos de águas com alto teor de sal que exalavam um vapor corrosivo. Então, se o ayate permaneceu mais de cem anos sob essas condições adversas, como é que não apareceram nele sinais de deterioração e apodrecimento? Como é possível, depois de tanto tempo sem proteção, a imagem da Senhora não ter se descorado, nem se manchado, nem se sujado, e seguir intacta e com as cores vivas até hoje?

Esse mistério já foi observado nos séculos passados e alguns investigadores tentaram procurar uma explicação científica. Em 1785 o médico e matemático mexicano José Ignácio Bartolache mandou confeccionar várias tilmas idênticas à de Juan Diego, com fibra de maguey, e mandou pintar nelas cópias idênticas da imagem com diferentes processos de pintura. Uma dessas cópias, protegida por dois vidros, foi colocada no altar da igreja construída aos pés do morro Tepeyac, em setembro de 1789, com a finalidade de comprovar os efeitos climáticos daquela região próxima dos lagos. Em junho de 1796 já estava tão deteriorada que foi necessário retirá-la do altar e colocá-la na sacristia, onde foi examinada por Francisco Sedano, que deixou escrito o seguinte testemunho:

> O azul verde-mar transformou-se em verde-negro. O dourado ofuscou-se e o ouro desprendeu-se em parte. A cor rosa desapareceu completamente, passando para branco, como também a túnica do anjo que era cor de rosa. O carmim tornou-se enegrecido. A pintura perdeu brilho e vida e desprendeu-se em várias partes, deixando a descoberto os fios do tecido, alguns deles arrebentados. Nesse estado, a imagem foi doada à Ordem Terceira do Carmo, onde terminou se deteriorando totalmente e desapareceu.[2]

Então, permanece o mistério: Por que o ayate de Juan Diego, feito de uma fibra vegetal que duraria no máximo 50 anos, continua intacto, já passados quase 500 anos? Por que as cores da imagem da Virgem estão firmes e vivas até hoje?

A imagem é uma pintura?

A imagem que está estampada no ayate de Juan Diego é uma pintura feita por mãos humanas? Ou é uma obra sobrenatural? Há nela indícios de pintura e de corantes químicos?

---

[2] Apud Benitez, J. J. *El Mistério de La Virgen de Guadalupe*. Grupo Editorial Planeta, 1989, p. 59, nota 9.

O padre jesuíta Oscar Quevedo mostrando
um ayate na frente de um pé de maguey

Essas perguntas são antigas, desde meados do século XVII. Com o intuito de procurar uma resposta, muitos pintores e especialistas em pintura fizeram estudos e examinaram atentamente a imagem. O histórico e os resultados dessas pesquisas podem ser assim resumidos:

1. No ano de 1666 foi formada uma comissão de sete pintores, sob a direção de Salguero, para examinar a imagem impressa no manto. E, apesar de serem experientes no assunto, não conseguiram explicar como uma imagem tão bela e tão perfeita pôde ter sido pintada sobre uma superfície tão rústica, pois não existe no ayate um fundo preparatório para a pintura. Os pintores em geral preparam o fundo da tela com uma camada de tinta, sobre a qual vai ser feita a pintura definitiva. Esse cuidado era extremamente necessário no caso de um tecido tosco e ralo, com separação entre as fibras, como era o ayate do índio Juan Diego. E a conclusão a que chegaram

os sete pintores foi: "É humanamente impossível que algum artista possa fazer uma pintura tão bela, limpa e perfeita em cima de um tecido tão rústico como é a tilma... Não existe um pintor, por mais habilidoso que seja ou tão bom como houve nessa Nova Espanha, que consiga reproduzir perfeitamente a cor ou determinar se tal pintura é a óleo ou à têmpera, porque ela parece ser ambas as coisas, mas não é o que parece, porque somente Deus conhece o segredo dessa pintura, de sua durabilidade e preservação, da permanência de suas belas cores e do dourado de suas estrelas".[3]

2. Mais tarde, em 1751, o famoso pintor Miguel Cabrera, conhecido como o Michelangelo mexicano, juntamente com outro conhecido pintor José Ibarra e mais dois especialistas, descobriram que não há nenhum traço de pincel na imagem. Sabe-se que as pinceladas dadas pelo pintor ficam marcadas na tela. Elas podem não ser visíveis ou reconhecidas a olho nu, mas são detectadas com instrumentos óticos, por alguém especialista no assunto.

3. No século XX, a imagem impressa no manto foi examinada por muitos cientistas, médicos e oftalmologistas. O químico alemão Richard Kuhn, ganhador do prêmio Nobel de química nos anos de 1938 e 1949, recebeu dois pedaços de fibra do ayate, um correspondente à cor amarela, outro à cor vermelha. A conclusão a que chegou o químico, depois de examinar as fibras, foi surpreendente: "Nas duas fibras não existem corantes vegetais, nem animais, nem minerais". Pode-se dizer que

---

[3] Cf. Anderson, Carl e Chavez, Eduardo. *Our Lady of Guadalupe – Mother of the Civilization of Love, Dubleday*, first editon, p. 28-29 (tradução feita pelo autor).

também não há corantes sintéticos, por serem desconhecidos no século XVI. Não se descobriu até hoje a origem da cor nem a forma como a imagem foi pintada. Não se sabe que técnica de pintura foi empregada. Outra coisa que causa surpresa é que o sapato da Virgem que aparece pisando a lua não tem cor, é simplesmente o tecido do ayate cru. É uma coisa inexplicável.

4. Em maio de 1979, dois cientistas que trabalhavam na NASA, Jody Brand Smith e Phillip Serna Callahan, este último também especialista em pintura, fizeram um estudo de toda a imagem impressa no ayate. Tiraram várias fotografias, sem o vidro que normalmente a protege, fotografias comuns e em infravermelho. Os dois cientistas, juntamente com sua equipe, trabalharam por mais de dois anos em cima das fotos obtidas e, por fim, fizeram um amplo relatório sobre o assunto.

Vamos nos deter no estudo feito por esses cientistas funcionários da NASA, por ser muito importante e revelador. Em seu extenso relatório, eles explicaram primeiramente o que vem a ser e para que serve a fotografia em infravermelho.

Esse tipo de fotografia é uma técnica que se usa nos estudos críticos das pinturas antigas. É de grande valor para se obterem informações históricas e comprovar a autenticidade de documentos e pinturas. Serve muito bem para descobrir traços ou esboços encobertos que o pintor aplicou na tela antes de fazer a pintura definitiva. A fotografia com raios infravermelhos permite também determinar a natureza da preparação ou "tinta de fundo" aplicada debaixo da pintura. Nenhum estudo de obra artística pode ser considerado completo enquanto não se empregar nela a técnica da fotografia de raios infravermelhos.

Com essa técnica se conseguiu descobrir, por exemplo, as várias tentativas que fez o grande artista Leonardo da Vinci na hora de pintar vários de seus quadros. E outros artistas chegaram a pintar suas obras até três vezes sobre a mesma tela. Talvez por não ficarem satisfeitos com sua obra, eles cobriam tudo de novo com tinta e faziam nova pintura por cima. Hoje, graças à técnica da fotografia por raios infravermelhos, foram descobertos muitos quadros "abortados" que jazem debaixo das pinturas atualmente visíveis.

Usando a técnica da fotografia por raios infravermelhos, os cientistas da NASA chegaram às seguintes conclusões:

- Não existe pintura na imagem *original* da Virgem de Guadalupe.
- Não houve preparação do fundo, nem existe qualquer rabisco ou traço de esboço embaixo.
- Não existem marcas de pincel ou de algum outro instrumento, nem existem correções ou superposições de cores.
- Nenhum verniz lhe foi aplicado por cima para proteger contra as intempéries.
- A imagem é, em muitas partes, semelhante a uma fotografia. Mas os técnicos da Kodak e outros especialistas provam que não é fotografia, pois se fosse, teria impressionado o tecido subjacente.
- Apesar da ausência de qualquer recobrimento protetor, a túnica e o manto são brilhantes e coloridos como se acabassem de terem sido pintados. Pode-se notar que, depois de mais de quatrocentos e cinquenta anos, não existe descoloração nem trincas na figura original em parte alguma do ayate de maguey,

que, por não conter conservante, deveria ter-se deteriorado já há centenas de anos.

Os cientistas terminam afirmando: "Não existe explicação possível para a imagem impressa na tilma quando examinada pelo processo da fotografia com raios infravermelhos".

Os retoques e acréscimos

Note-se que o relatório diz que não foi observada pintura no "original" da imagem. Mas... os cientistas da NASA encontraram alguns retoques e acréscimos feitos por mãos humanas:

A Virgem de Guadalupe

1. Os raios solares dourados ao redor da imagem, as 46 estrelas e a fimbria dourada do manto azul são acréscimos feitos por mãos humanas. Estes detalhes foram pintados depois da

formação do original. E eles estão deteriorados e continuarão deteriorando-se com o tempo.

Mas Callahan acha que debaixo dos raios dourados existem raios originais que formam o "resplendor" ao redor de toda a imagem, sobre os quais alguém colocou as folhas de ouro.

2. A lua aos pés e o laço do cinto, ambos de cor escura, são acréscimos feitos no original. Foram pintados por mãos humanas, porque estão descascando-se e porque, além disso, do ponto de vista artístico, não foram executados de acordo com a evidente beleza do resto do corpo e das vestes. O laço, a lua e o cabelo do anjo continuarão se deteriorando com o tempo.

3. Os arabescos sobre a túnica cor de rosa foram acrescentados. São traços característicos do estilo gótico.

4. O anjo e a dobra inferior da túnica são acréscimos. Segundo o relatório, toda a parte inferior da imagem da Virgem de Guadalupe é um acréscimo humano, característico do estilo gótico do século XVII. É, no mínimo, um desenho medíocre. Os braços do anjo são toscos, sem proporção e evidentemente acrescentados para "sustentar" a Virgem Maria. Tanto no rosto como em tudo o mais no anjo, o modo como a pintura foi aplicada na trama do ayate sugere pinceladas sobre um fundo preparado com uma camada prévia de tinta. A dobra inferior do lado esquerdo do manto azul, diferentemente do resto do manto, mostra sinais de pinceladas e não é aquele azul semitransparente do corpo do manto. Provavelmente, foi acrescentado para que o anjo tivesse um ponto onde se agarrar.

5. As mãos eram mais longas. Um exame feito à curta distância permite descobrir traços dos dedos originais da mão es-

querda, cujas pontas se prolongavam mais além das atuais. Não se sabe por que foram modificados. Talvez com a finalidade de encurtar os dedos e transformar as mãos – originariamente com dedos esbeltos, transformando em dedos mais curtos, próprios dos índios.

6. Também são acréscimos: a "dobra asteca da tilma", todo o fundo branco ao redor da imagem, alguns traços escuros finos colocados para separar com mais ênfase algumas partes, como, por exemplo, entre a túnica e o manto e na borda das faixas douradas do manto.

O que é original na imagem?

Segundo os cientistas da NASA, pelos exames das fotografias com raios infravermelhos, pode-se dizer o seguinte:

1. O azul do manto aparece como original e com um pigmento azul semitransparente e desconhecido. É inexplicável, por ter certa densidade e por não ter perdido a cor.

2. A misteriosa luminosidade da túnica cor de rosa. Os cientistas ficaram admirados com a túnica. A coisa mais notável da túnica da Virgem é sua extraordinária luminosidade. Reflete o alto grau de radiação visível e, no entanto, é transparente aos raios infravermelhos. De todos os pigmentos presentes, este é, de muito, o mais transparente e, diferentemente do azul que preenche os interstícios da trama do ayate, o da túnica parece apenas tocar a superfície do tecido. E, apesar da estranha ausência de proteção, a túnica e o manto estão tão brilhantes e coloridos que parecem que foram pintados recentemente.

3. O rosto. No capítulo sete de seu relatório, os cientistas da NASA apresentam uma análise minuciosa do rosto da Virgem. Callahan afirma que "a cabeça da Virgem de Guadalupe é uma das grandes obras-primas de expressão artística facial. Considerando a delicadeza da forma, a simplicidade da execução, o matiz e o colorido, existem poucos casos que a igualem entre as obras mestras do mundo. Dentre os retratos que tenho observado em minha vida, não existe nenhum executado de semelhante maneira".

"O rosto da Virgem é de tal beleza e de execução tão singular, que resulta inexplicável para o estado atual da ciência" (Relatório Callahan)

As fotografias com luz infravermelha não mostram a existência de fundo preparatório de nenhuma espécie, característica esta que por si mesma faz da pintura algo fantástico. Uma das maravilhosas e inexplicáveis técnicas empregadas para dar realismo à pintura está na forma como se aproveita o ayate, sem preparação de fundo, para dar ao rosto profundidade e aparência de vida. Isto é evidente, sobretudo, na boca onde uma falha do fio de ayate sobressai do plano deste e segue com perfeição a borda superior do lábio inferior. É impossível imaginar que algum pintor humano tivesse escolhido uma tilma com falhas em seu tecido situadas em um local preciso capaz de acentuar as luzes e as sombras para dar um realismo semelhante. A possibilidade de uma coincidência é inconcebível!

Vista a uma distância na qual o pigmento e o relevo da superfície se fundem, sobressai como por encanto a encantadora beleza da Senhora morena. De repente, a expressão do rosto aparece reverente, embora gozosa; índia, embora europeia; de cútis oliva, embora com matizes brancos. A impressão que dá é a de um rosto tão áspero como os desertos do México e, no entanto, tão gentil como o de uma noiva em sua noite de núpcias. É a face que mescla a cristandade da Europa bizantina com o subjugante naturalismo do Novo Mundo índio: um símbolo adequado para os povos todos de um grande Continente.

Conclusão

Os funcionários da NASA, Smith e Callahan, após o exame consciencioso das fotografias da imagem da Virgem, chegaram à seguinte conclusão:

> A figura original que compreende a túnica rosa, o manto azul, as mãos e o rosto é *inexplicável*. Partindo do exame feito com os raios infravermelhos, não existe maneira de explicar nem o tipo dos pigmentos cromáticos utilizados, nem a permanência da luminosidade e brilho das cores, depois de passados quatro séculos e meio. E é de se admirar que, depois de tantos anos, não existem descoloração nem trincas na figura original em nenhuma parte do ayate de

maguey, que, por não ter recebido nenhum tipo de proteção, deveria estar deteriorado há muito tempo. Embora os retoques e acréscimos não cheguem aos pés do original em elegância e perfeição técnica, eles colocam elementos humanos importantes e significativos na imagem da Virgem de Guadalupe. Tomados em conjunto, eles acentuam a beleza da original. "É como se Deus e o homem tivessem trabalhado juntos para criar uma obra-prima."[4]

O atentado

Em 14 de novembro de 1921, um sujeito chamado Luciano Pérez entrou na basílica de Nossa Senhora de Guadalupe com uma braçada de flores e depositou-a no altar-mor, a poucos metros do ayate original de Juan Diego. Em seguida, saiu tranquilamente da igreja. Poucos minutos depois aconteceu uma grande explosão. Aquela braçada de flores escondia uma carga de dinamite.

O estrago foi considerável. A grade de mármore em frente do altar, os vasos de flores, os castiçais foram destruídos. Um crucifixo de latão ficou todo retorcido e as vidraças da maior parte dos edifícios próximos foram estilhaçadas. Mas o manto de Juan Diego com a imagem da Virgem não sofreu absolutamente nada. E o que é mais admirável, o vidro de proteção do manto permaneceu intacto, sem nenhuma trinca.

Em uma explosão, forma-se uma onda de choque resultante do repentino aquecimento dos gases e do ar em volta, que se propaga em todas as direções. O manto, que estava a poucos metros da explosão, certamente recebeu o impacto dessa onda

---

[4] Cf. Callahan, Philip. The Tilma Under Infra-Red Radiation, CARA Studies, in *Popular Devotion*. Vol. II, Guadalupan Studies, N. III (March 1981), Washington D.C.

de choque. Considerando que as janelas dos edifícios a dezenas de metros de distância se estilhaçaram, o fato de o vidro que cobre o manto ficar intacto é no mínimo inexplicável.

4
Os mistérios nos olhos da Virgem

Talvez a coisa mais impressionante na imagem da Virgem de Guadalupe é o que foi descoberto em seus olhos. Em 1929, o fotógrafo oficial da velha basílica, Alfonso Marcué, examinando uma fotografia em branco e preto da cabeça da imagem, viu uma coisa que o deixou atônito: no olho havia um busto humano. Seria possível! Examinou-o várias vezes com muita atenção e não teve mais dúvida: havia um homem com barba dentro dos olhos da Virgem!

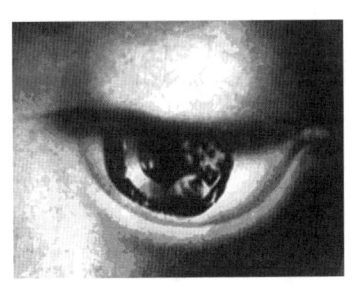

O busto humano no olho da Virgem

Por vários dias ficou ele sem saber o que fazer. Devia contar aos responsáveis da basílica? Depois de tirar todas as dúvidas sobre a descoberta, resolveu contar. Mas os padres não acharam oportuno revelar a coisa ao público, porque naqueles anos (1926 a 1930) a Igreja católica do México estava sofrendo uma forte perseguição por parte do governo do general Calles. Por esse motivo, o sacerdote responsável pela basílica recomendou prudência e pediu que se esquecesse do assunto, por algum tempo.

Essa atitude prudente da Igreja atrasou a divulgação da descoberta. Foi somente vinte anos depois, em maio de 1951, que o desenhista mexicano Carlos Salinas redescobriu o homem de barba nos olhos da imagem. Estava examinando uma fotografia da cabeça com uma lupa. Passou-a por várias vezes pelo rosto da Virgem. De repente, sua mão se deteve. Concentrou toda a sua atenção em um ponto do olho direito. E não teve mais dúvida: lá estava o busto do homem com barba. Salinas anotou a hora: 20h45. Sua emoção deve ter sido muito grande, porque naquela mesma noite deixou um documento escrito: "no dia 29 de maio de 1951, eu, José Carlos Salinas Chávez, vi pela primeira vez refletida na pupila do olho direito da Santíssima Virgem de Guadalupe a cabeça de Juan Diego e comprovei-a também no lado esquerdo; em seguida e minutos depois também a viu o pintor Luis Toral, que se encontrava presente".

Esse documento tem grande importância por ser o "redescobrimento" do homem com barba nos olhos da Virgem, que já havia sido visto anteriormente por Alfonso Marcué. Mas Salinas cometeu um erro de interpretação ao afirmar que a figura encontrada era a do índio Juan Diego. Como veremos mais adiante, não pode ser a do índio.

Salinas procurou sem demora a autoridade eclesiástica para contar o que tinha visto. Foi recebido pelo monsenhor Gregório Aguilar e colocou sobre a mesa diante dele a mesma fotografia da imagem na qual tinha observado a figura humana. O próprio monsenhor a viu e confirmou a descoberta.

No dia seguinte, Salinas teve permissão de examinar no próprio ayate original da basílica, sem o vidro de proteção, os olhos da Virgem. Estava acompanhado pelo monsenhor Gregório, pelo pintor Luis Toral e pelo engenheiro Esteban Iglesias. Todos comprovaram a existência do busto do homem com barba.

O que disseram os oculistas

A notícia da descoberta de uma figura humana nos olhos da Senhora de Guadalupe foi amplamente divulgada nos jornais e revistas da época. O fato despertou a curiosidade de muitas pessoas, inclusive de oftalmologistas famosos.

O cirurgião oculista mexicano Rafael Torija Lavoignet examinou a imagem em julho de 1956. Subiu o andaime colocado para dar acesso ao quadro exposto na basílica e examinou bem de perto os olhos da Virgem. Ele ainda não sabia nada a respeito da existência de uma imagem humana nos olhos dela. O fotógrafo Alfonso Marcué, que também estava ali presente, sugeriu que ele observasse com particular atenção os olhos. Usando uma lupa, ele viu claramente um busto humano na córnea de ambos os olhos.

Surpreso com essa experiência, achou conveniente usar um procedimento científico para examinar o fenômeno. Alguns dias depois, em 23 de julho, munido com um oftalmoscópio, ele fez um longo e minucioso exame, durante aproximadamente uma hora. Emitiu, então, um documento narrando sua experiência:

> Na córnea dos olhos da Virgem se vê a imagem de um busto humano. A imagem aparece com distorção e posicionada no mesmo local que em um olho normal. Quando a luz do oftalmoscópio incide na

pupila de um olho humano, vê-se um reflexo luminoso brilhante em um círculo externo da mesma. Seguindo esse reflexo e trocando as lentes do oftalmoscópio na forma adequada, obtém-se a imagem do fundo do olho. Ao incidir a luz do oftalmoscópio na pupila do olho da imagem da Virgem, aparece o mesmo reflexo luminoso, e seguindo-o, a pupila se ilumina em forma difusa, dando a impressão de vazio (oco). Esse reflexo se observa em todos os sentidos em que a luz se dirige; é brilhante, vendo-se em todas as distâncias alcançadas pela luz do aparelho, e com as diferentes lentes do mesmo. Tal reflexo é impossível de se obter de uma superfície plana e, além disso, opaca como é a pintura em questão.

Depois examinei com o oftalmoscópio os olhos em diversas pinturas a óleo e aquarela, e também em fotografias de personagens diferentes, e em nenhuma delas se nota reflexo. Pelo contrário, os olhos da santíssima Virgem de Guadalupe dão a impressão de serem vivos.

Um ano depois, em maio de 1957, os olhos da imagem foram novamente examinados por Lavoignet e pelo oftalmologista Javier Torroella Bueno, que emitiram um documento dirigido ao monsenhor Gregório Aguilar: "Os abaixo-assinados vêm informar ao senhor as conclusões a que chegamos com respeito à imagem de um busto de homem que se vê nos olhos do manto original da santíssima Virgem de Guadalupe. Tal imagem está colocada na córnea de ambos os olhos, correspondendo, portanto, à primeira das imagens de Samson-Purkinje e de acordo com as leis da ótica, já que se encontra na região interna da córnea do olho direito e na região externa da córnea do olho esquerdo".

Temos nesse documento um termo desconhecido para a maioria de nós, leigos no assunto. Trata-se da tríplice imagem de Samson-Purkinje. Vamos tentar explicar com termos simples o que isso significa. As imagens de Samson-Purkinje receberam esse nome porque o fenômeno foi descoberto independentemente por dois oftalmologistas: Samson, de Paris, e Purkinje, de Breslau. Quando olhamos para um objeto próximo e bem iluminado, formam-se três imagens desse objeto em nossos olhos. A primeira imagem é formada – refletida – na superfície anterior ou externa da córnea; a segunda, na superfície anterior do cristalino; a terceira, na superfície posterior do cristalino. As superfícies anteriores da córnea e do cristalino agem como espelhos convexos, e a superfície posterior do cristalino age como espelho côncavo; neste último caso, a imagem refletida é menor e invertida (de cabeça para baixo). São as três imagens de Samson-Purkinje. (Ver a gravura).

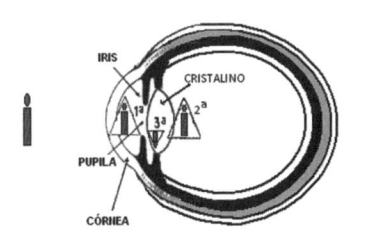

As três imagens de Samson-Purkinje

Pois bem, os médicos oculistas que examinaram com oftalmoscópio os olhos da Virgem de Guadalupe confirmaram que o homem de barba que aparece no olho direito é refletido três vezes, exatamente de acordo com a tríplice imagem de Samson-Purkinje.

O Dr. Lavoignet termina seu depoimento com uma afirmação enfática: "Para mim não existe possibilidade de dúvida científica a respeito desse fato. As três imagens estão lá. Sinto-

-me incapaz de dizer como se formaram essas imagens nos olhos da Senhora".

O médico que falou com a imagem

O Dr. Enrique Graue foi diretor por 42 anos do Hospital de Nossa Senhora da Luz e diretor do Instituto Mexicano de Oftalmologia. Por ser um oculista famoso, recebeu muitos convites de pessoas que lhe pediam que fosse examinar os olhos da imagem de Guadalupe e desse sua opinião, mas sempre recusava. Ele explica o porquê:

• Eu era um incrédulo. Na verdade sou cristão, apostólico e romano. Mas também sou um cientista, e como tal não conseguia acreditar nessa estranha história de um homem com barba nos olhos da imagem.

Mas os convites foram tantos e tão insistentes que, por fim, ele cedeu. Aceitou, impondo uma condição: só examinaria a imagem sem o vidro que a protege, para evitar reflexos e comprovar melhor a natureza e a textura do ayate. Sua condição foi aceita e ele subiu o andaime até ficar rente à imagem da Virgem. Ele depois confessou:

• Emocionei-me de estar tão perto da Guadalupana, apesar de ser um incrédulo. Porque a Virgem de Guadalupe para nós, mexicanos, é muito mais que uma Virgem: é uma bandeira.

Naquele primeiro exame da imagem, o Dr. Graue estava mais interessado em saber como era o ayate e qual era seu estado de conservação, porque havia lido que o tecido se conservava muito bem, apesar de passados aproximadamente 450 anos.

A conclusão que tirou foi a seguinte:

• Depois de examinar o ayate durante uma hora, vi que o tecido é ralo, mas que está muito bem conservado. Acho incompreensível que um artista pudesse fazer uma pintura em um tecido assim tão tosco. Quem chega tão perto da tilma como eu cheguei, vai se dar conta de que ali não existe preparo (camada de tinta de fundo). Aquilo, sinceramente, deixou-me maravilhado.

Nessa primeira visita à imagem, o doutor não examinou os olhos. Foi somente na segunda visita que ele se dedicou especialmente ao exame deles. E ficou impressionado. Verificou que a imagem que aparece no olho direito está perfeitamente focalizada. E a que aparece no esquerdo, está desfocada. Ele explica o porquê:

• Por uma razão muito simples: a pessoa (o homem com barba) que estava sendo observada se achava mais perto do olho direito e mais longe do esquerdo. Esses milímetros ou centímetros de diferença são mais que suficientes para que o objeto que se observa fique fora de foco. E eu pergunto: Que pintor, naquela época, teria tido a ideia de pintar uma miniatura no interior dos olhos da Senhora?

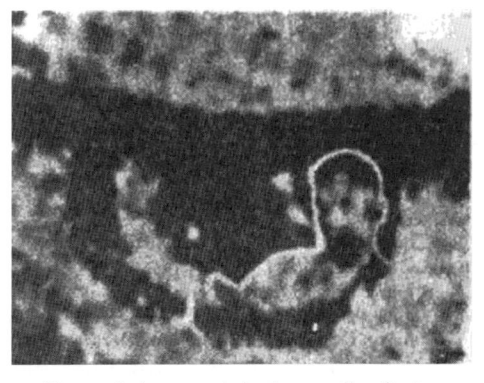

Figura do homem de barba no olho direito

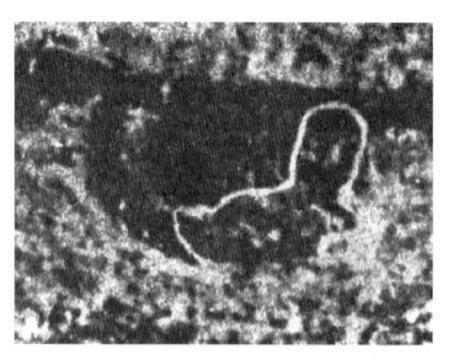

Figura do homem de barba no olho esquerdo

Para tirar todas as dúvidas, o Dr. Graue examinou centenas de pinturas e viu que os pintores em geral procuram dar vida aos olhos de seus personagens, pintando um traço branco que segue precisamente a curvatura da córnea. Mas o curioso desses reflexos nos olhos da Virgem de Guadalupe é que estão na face anterior da córnea e no cristalino. É impossível imaginar que algum pintor no século XVI ou XVII tivesse a ideia de fazer uma coisa desse tipo. Naquele tempo ainda não havia sido descoberta a tríplice imagem de Samson-Purkinje.

Em seguida, o Dr. Graue conta como examinou os olhos da Senhora com os instrumentos:

• Tomei o oftalmoscópio e lancei um feixe de luz no olho direito. E fiquei espantado! Aquele olho tem profundidade, parece um olho vivo! No olho direito vê-se com clareza a figura de um homem com barba. Este reflexo está localizado na face anterior da córnea. Um pouco mais atrás, o mesmo busto humano fica refletido nas faces anterior e posterior do cristalino, seguindo com total precisão as leis da ótica. Mais precisamente, a chamada "tríplice imagem de Samson-Purkinje". Este fenômeno, repito, é o que proporciona profundidade ao olho.

Mas a coisa que mais chamou a atenção do Dr. Graue foi a luminosidade da pupila dos olhos da Senhora, como ele contou em uma entrevista com o jornalista J. J. Benitez:
- Doutor, o senhor viu de fato algo nos olhos da Senhora?
- Sim. Ali há uma figura humana. Isso está claro.
- Que tipo de figura?
- Bem, a de um homem com barba.
- E não pode ser ilusão ótica ou o resultado de uma casualidade?
- Não. Eu examinei muitas pinturas e jamais tenho observado esse fenômeno. A gente passa um feixe de luz no olho da Virgem de Guadalupe e vê como brilha a íris e como o olho adquire profundidade. É algo que emociona! Imagine o que me aconteceu: em um daqueles exames, estando eu com o oftalmoscópio em plena observação, inconscientemente disse em voz alta, dirigindo-me à imagem: "Por favor, olhe um pouquinho mais para cima". Como se observa na imagem, a Virgem tem os olhos ligeiramente inclinados para baixo e à direita, e eu, absorto com aquela luminosidade e profundidade, esqueci-me de que se tratava de uma imagem e lhe fiz aquele pedido, pensando que estava diante de uma paciente real.
- E que explicação existe em tudo isso?
- Nenhuma. Por que esse brilho? Por que a tríplice imagem de Samson-Purkinje nos olhos? Por que essa sensação de profundidade?[1]

---
[1] Benitez, J. J. Op. cit., p. 208.

Resumindo

Tendo em vista os exames e relatórios feitos por vários médicos oftalmologistas, podemos concluir o seguinte:

1. A figura de um "homem com barba" nos olhos da Virgem de Guadalupe foi vista pela primeira vez em 1929 pelo então fotógrafo oficial da basílica, Alfonso Marcué Gonzalez. Ele comunicou o fato às autoridades eclesiásticas, mas recebeu ordem para não divulgá-lo, possivelmente porque naquela época a Igreja católica no México estava sob forte perseguição do governo.

2. Mais de 20 anos depois, em 29 de maio de 1951, o desenhista Carlos Salinas "redescobriu" o homem com barba no olho direito da Virgem.

3. Em 1957 o oftalmologista Rafael Torija Lavoignet, juntamente com Javier Torroella Bueno, descobriram o fenômeno da tríplice imagem de Samson-Purkinje no olho direito da Virgem (a figura do homem com barba reflete-se em três posições no interior do olho direito).

4. Até 1976, mais de 20 médicos examinaram o ayate e confirmaram verbalmente e por escrito a presença de um "homem com barba" nos olhos da Virgem. E também confirmaram a existência da tríplice imagem de Samson-Purkinje.

5. De quem é aquela imagem do homem com barba? Carlos Salinas afirmou que seria do índio Juan Die-

go, mas essa opinião não é compartilhada pela maioria dos que examinaram a imagem. Por quê? Por uma razão muito simples: os índios mexicas não tinham barba ou, se tinham, era muito rala. Além disso, o homem de barba não está vestido com a tilma, como estava Juan Diego.

Depois dessas pesquisas feitas, narradas e documentadas por médicos e especialistas, parece que não há mais dúvida: existe de fato a figura de um homem com barba nos olhos da Virgem de Guadalupe, e a imagem dele se reflete três vezes, obedecendo exatamente à lei da ótica da tríplice imagem de Samson-Purkije.

Se a figura do homem barbado estivesse refletida em um olho só e não no outro, poder-se-ia pensar em acaso; poderia ser um borrão com aparência de um busto humano. Mas o que intriga é que a figura aparece nos dois olhos, nos lugares correspondentes e com as deformações exatamente de acordo com as leis da ótica. Além disso, estão lá refletidas as três imagens do fenômeno Samson-Purkinje. Que pintor poderia ter, naquele tempo, um conhecimento tão perfeito das leis da ótica? Que artista poderia ter a ideia de pintar os três reflexos, se naquela época das aparições o fenômeno ainda não era conhecido?

5
A prova dos computadores

Vimos no capítulo anterior que a figura de um homem com barba refletida nos olhos da Virgem de Guadalupe foi vista e confirmada por dezenas de oftalmologistas. A existência dessa figura parece ser um fato indiscutível. Porém, o mistério ficou ainda mais impressionante com outras descobertas. Exames feitos pelo engenheiro peruano José Aste Tonsmann, doutor pela Universidade de Cornell (Nova York) e funcionário da IBM, cujo trabalho específico era a digitalização em computador das imagens da terra recebidas por satélites, revelaram que existem outras figuras refletidas nos olhos da Virgem. Ele expôs tudo o que descobriu em um livro chamado "El secreto de sus ojos" (O segredo de seus olhos).[1] Vamos resumir em seguida toda a história de suas descobertas documentadas em seu livro e relatadas nas diversas palestras que proferiu e nas entrevistas que concedeu.

Perguntado uma vez por que se interessava pelos estudos da Virgem de Guadalupe, ele respondeu:

• Eu trabalho na IBM, no processamento de imagens obtidas por satélite, e desde que cheguei ao México me interessei pelos costumes do povo mexicano. Percebendo que os mexicanos têm grande devoção à Virgem de Guadalupe, tive a curiosidade de ampliar e analisar sua imagem gravada no manto.

---
[1] Cf. Tonsmann, José Aste. *El Secreto de Sus Ojos*. Mexico, El Arca Editores, 2004.

Foi o que ele fez. Tomou uma fotografia de corpo inteiro da imagem e obteve várias ampliações: das mãos, da cabeça, da lua, do anjo etc. Mas não viu nada de especial. Nessa ocasião, ele ainda não sabia da descoberta de um homem com barba nos olhos da Virgem. Ficou sabendo mais tarde, como ele mesmo conta:

• Naqueles dias precisamente saiu em uma revista um pequeno artigo no qual se mencionava que, fazia muitos anos, havia sido descoberto um busto humano nos olhos da Virgem. Tratava-se da descoberta feita pelo desenhista Salinas, há vinte e cinco anos.

Tonsmann não tinha ideia da existência desse busto. Quando leu a reportagem, logo pensou: "Se de fato esse busto está lá, eu poderei ampliá-lo melhor do que ninguém com os computadores".

Foi assim que tudo começou. Em um sábado, depois do café da manhã, ele se dirigiu até a sala dos computadores (naquele tempo eram máquinas grandes, conhecidas como "mainframes") e começou o trabalho. Colocou a foto da imagem da Virgem no dispositivo e deu os comandos para que o computador "traduzisse" em números os olhos da imagem. Mas ficou decepcionado com os resultados:

• Ali não havia nada! Não vi nenhum homem com barba.

Depois ele soube o porquê:

• Nesta minha primeira tentativa eu tinha trabalhado com uma fotografia na qual aparecia a Virgem de corpo inteiro e, pior ainda, devia tratar-se de uma pintura e não da verdadeira imagem que aparece no ayate original.

Ele comentou esse fato com alguns amigos que lhe prometeram uma foto da imagem original. De fato, esses amigos conseguiram de uma editora uma fotografia muito boa da cabeça da Virgem. Com ela em mãos, Tonsmann aproveitou o intervalo da hora do almoço em seu trabalho e dirigiu-se ao laboratório de digitalização de imagens. Ele conta o que aconteceu:

- Comecei pelo olho esquerdo. Coloquei as coordenadas correspondentes no aparelho de digitalização que se encarregou de fazer a varredura do olho, transformando o branco, o preto e os tons de cinza em dígitos. Os resultados foram gravados em fita magnética. Em seguida, o computador leu a fita e enviou os dados para a impressora, que me forneceu a primeira grande ampliação do olho da imagem.

O índio sentado

Ao observá-la com atenção, Tonsmann descobriu uma figura no olho da Senhora. Mas não foi do homem com barba:

- Minha primeira descoberta foi do "índio sentado". Foi fulminante. Não tive dúvida de que se tratava de um índio. E me assaltaram muitas perguntas. O que faz ali esse índio? Por que se encontra no olho da Virgem? As dúvidas e as emoções foram tantas e tão intensas que não pude dormir direito por vários dias.

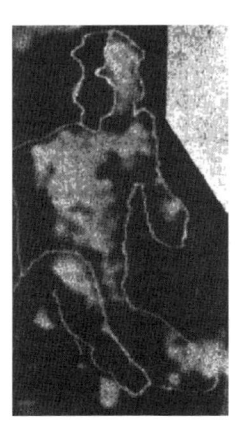

O índio sentado

O índio tem a cabeça ligeiramente levantada e como que olhando para cima. Está sentado e sua perna direita aparece estendida sobre a esquerda. Os astecas não usavam cadeira e sentavam-se no chão, nessa posição. De fato, o Códice Magliabecchiano contém uma figura que representa um jogo asteca em que vários índios estão sentados com uma perna cruzada sobre a outra, do mesmo modo como está o índio nos olhos da Virgem.

Modo de sentar dos astecas

Para Tonsmann, os detalhes do índio "são de uma precisão assombrosa", apesar do minúsculo espaço que ocupa nos olhos da imagem do ayate. O índio sentado foi a primeira figura descoberta pelo computador da IBM.

O homem com barba

Prosseguindo em suas pesquisas, Tonsmann viu em seguida o homem com barba. E confirmou plenamente as descobertas feitas anteriormente por Marcué, Salinas e outros oftalmologistas. Diz ele:

• Embora essa figura seja perfeitamente visível com lupa e oftalmoscópio, inclusive a olho nu, com as gigantescas ampliações do computador tem sido possível a confirmação definitiva de sua presença nos olhos. Ela aparece com nitidez no olho direito e um pouco desfocada no esquerdo.

Tonsmann desmente a versão de Salinas, que dizia que o homem com barba era Juan Diego:

• Não pode ser, porque suas feições são as de um europeu. Parece um nobre espanhol ou um sacerdote. Está em atitude de contemplação, parece absorto com alguma coisa.

E sobre a tríplice imagem de Samson-Purkinje, o que disseram os computadores? As três figuras do homem com barba refletidas no olho da Virgem foram de fato confirmadas?

• Totalmente, responde Tonsmann. No olho direito aparece com grande nitidez.

O ancião

A terceira figura que o engenheiro descobriu nos olhos da Virgem foi a de um ancião:

• Esse foi para mim um achado dos mais interessantes. Vi a princípio uma mancha esbranquiçada. Fiquei tão intrigado que num sábado fui ao Centro Científico e lá fiquei até muito tarde, tentando esclarecer o mistério. Usei de vários filtros e finalmente apareceu o que, num primeiro momento, me parecia uma caveira. E me pus a perguntar: "O que faz aqui uma caveira?" Mas aquela figura me parecia familiar. Onde a tinha visto? Comecei a repassar museus, pinturas famosas, documentos etc., até que um dia me lembrei de um quadro do famoso pintor Miguel Cabrera, pintado no século XVIII, no qual se vê o primeiro bispo do México, Juan de Zumárraga, ajoelhado e olhando a imagem que havia aparecido na tilma de Juan Diego. A cabeça do bispo na pintura era muito parecida com aquela que eu acabava de descobrir com os computadores. Trata-se de um ancião. A careca é brilhante, embora exista ainda um pouco de cabelo que está cortado de acordo com a forma clássica da tonsura de algumas ordens religiosas. O nariz é grande e reto e as sobrancelhas muito salientes.

Parecia não haver dúvida: os computadores da IBM tinham descoberto nos olhos da Virgem a figura do bispo frei Juan de Zumárraga.

Juan Diego

Essa descoberta foi de grande ajuda para as investigações de Tonsmann. Pois, pensou ele, se aquela cabeça era de fato a do bispo Juan de Zumárraga, ele estaria observando a cena que se desenrolava em sua frente e provavelmente a figura do índio Juan Diego estaria diante dele, na direção de seu olhar.

Ele fez, então, uma varredura com o computador naquela região dos olhos da Virgem. E que surpresa! De fato estava lá a figura de outro indivíduo, com o nariz aquilino característico dos astecas e com uma espécie de "sombrero" na cabeça. Mas o mais interessante nessa figura era o ayate que levava preso no pescoço. O braço direito do índio encontra-se estendido debaixo do ayate, como que o mostrando em direção ao lugar onde se acha o ancião.

Na história contada pelo Nikan Mopohua, foi nessa hora

que apareceu a imagem da Virgem estampada na tilma, justamente no momento em que o índio mostrou e deixou cair as rosas. Então, aqui cabe uma pergunta cheia de curiosidade: os computadores conseguiram ver a imagem da Virgem impressa na tilma? Tonsmann responde:

• Passei muitas horas examinando a superfície do ayate e posso afirmar, sem lugar para dúvidas, que não existe imagem alguma sobre ele. Nem rosas, nem flores.

E o engenheiro faz aqui uma observação importante. A figura que parece ser a de Juan Diego como também as outras do índio sentado e do suposto bispo Juan de Zumárraga estão tanto no olho esquerdo como no direito. Se as figuras aparecessem só num olho e não no outro, poderíamos suspeitar de simples acaso.

Tonsmann fez outra descoberta interessante:

• E já que estamos falando do índio Juan Diego, veja o que os computadores descobriram: enquanto que no olho esquerdo ele aparece de corpo inteiro, com a tilma estendida, no olho direito aparece somente sua cabeça. E a coisa assombrosa é que, ao fazer uma nova e grande ampliação da cabeça do índio, descobri que no olhinho dele existe também uma outra figura.

De fato, as pessoas que viram essa grande ampliação, como é o caso do jornalista espanhol J. J. Benitez, confirmam que aparece um novo crânio, perfeitamente centrado no olho do suposto índio Juan Diego. Como era possível uma segunda figura refletida precisamente no olho do índio? Isto sugere que o índio estava diante do bispo e olhando para ele.

A negra

Tonsmann fala também de um outro personagem que aparece por detrás da figura de Juan Diego:

• Trata-se sem dúvida de uma mulher. Está de pé atrás de Juan Diego e parece curiosa, tentando olhar por cima dos ombros dele a cena que está acontecendo naquele instante. Pelos traços de seu rosto, parece ser uma negra. Minha primeira impressão foi de confusão total. O que fazia uma negra na América, naquele tempo? Fiquei tão indeciso que pensei até em me calar sobre o assunto e não contar para ninguém. Como poderia provar que no século XVI havia negros no México? E, o que é mais estranho, dentro do palácio do senhor bispo?

Mas Tonsmann não guardou segredo. Em suas palestras falava da figura da negra na cena gravada na tilma. E afirmava sinceramente que não sabia explicar o fato. Até que alguém veio a seu auxílio, conforme ele conta:

• Um dia me chamaram por telefone. Era um senhor que me disse: "Já encontrei sua negrinha. Está na *História da Igreja no México*, escrita pelo padre Mariano Cuevas, na qual se conta que o bispo deu a liberdade a um casal de negros que o servia no México". E acrescentou: "Ela se chamava Maria".

De fato, o bispo Juan Zumárraga, em seu testamento, concedeu a liberdade à escrava negra que o havia servido no México. No testamento lê-se textualmente: "declaro que concedo alforria e faço livres de toda sujeição e servidão a Maria, negra, e a Pedro, negro, seu marido, escravos que estão em casa, para que, como pessoas livres, possam dispor de si como quiserem".

Era surpreendente! Depois de passados 450 anos, os computadores da IBM haviam descoberto a presença de uma negra na casa do primeiro bispo do México, confirmando assim a validade histórica do testamento de Zumárraga!

O intérprete

Tonsmann fala também de um outro personagem: o tradutor. Diz que a figura dele está em ambos os olhos, mas que é mais visível no olho esquerdo. Representa um homem jovem e encontra-se à esquerda do ancião e muito próximo dele. Por isso, parece tratar-se do padre espanhol Juan Gonzalez que servia de intérprete. Dom Zumárraga não sabia falar o náhuatl, e Juan Diego não sabia falar o espanhol. E sabe-se historicamente que o padre Gonzalez servia de tradutor junto ao bispo.

O grupo familiar

Em seguida o professor Tonsmann fala de um grupo de figuras que parece formar uma família.

• Nos olhos da Virgem descobri o que podemos chamar de um "grupo familiar indígena". Trata-se de um casal com três crianças e mais dois adultos. A mulher é jovem, tem traços muito finos e carrega nas costas um bebê dentro de uma sacola de pano, do mesmo modo como até hoje as índias costumam carregar seus filhos. O homem tem na cabeça um "sombrero". Trata-se do grupo menor sem conexão aparente com o resto dos personagens. Não há proporção entre essas figuras e as anteriores, e, apesar de tudo, parece-me as mais interessantes do olho, pois estão no centro da pupila.

Nas figuras abaixo, gentilmente cedidas pelo Dr. Tonsmann, podem-se ver a representação real (em cima) e a representação artística (em baixo) da família indígena nos olhos da Virgem.

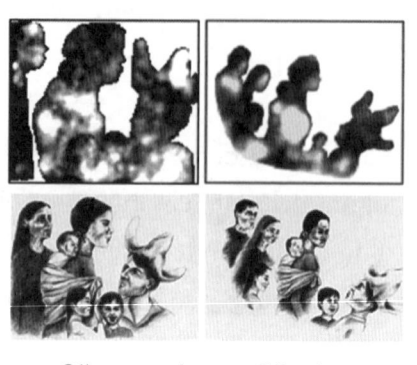

Olho esquerdo   Olho direito

O que poderia significar esse grupo familiar sem conexão aparente com as outras pessoas da cena? Tonsmann dá sua opinião:

• Alguém pode perguntar: "Por que uma família na parte mais importante dos olhos da imagem?" E a única conclusão a que eu chego é que se trata de uma mensagem da Virgem que quer recordar a importância da família em uma época em que se está atacando tanto as famílias.

Em suas pesquisas, o engenheiro usou também o processo de mapeamento das imagens. Esse processo nada mais é do que um método estatístico. Se tivermos duas figuras iguais, é certo que existe uma correlação entre os pontos de ambas. Se localizarmos um ponto em uma das figuras, bastará transladar as coordenadas desse ponto à outra figura para que ali apareça o mesmo ponto.

• Tomei as coordenadas, explica o engenheiro, e o próprio computador se encarregou de encontrar o ponto exato onde eu devia ampliar. Ao fazer a ampliação naquele ponto apareceram, com grande alegria de minha parte, as mesmas imagens, embora com diferente iluminação, volume e ângulo.

Mas existe uma figura que aparece só no olho esquerdo: a mulher negra. Tonsmann explica o porquê:

• Talvez por causa da mancha branca que existe no olho direito. Essa mancha corresponde precisamente à segunda imagem ótica de Samson-Purkinje do homem barbudo. Tentei muitas vezes, mas foi inútil. Deve-se ter em conta que o número de tons de cinza com que posso trabalhar é de 32 na impressora e de 16 no monitor do computador. E aquela mancha branca é tão intensa que os tons de cinza praticamente desaparecem.

O engenheiro peruano Tonsmann, que está radicado no México e que trabalha na digitalização de imagens enviadas por satélites, continua fazendo suas investigações na imagem da Virgem de Guadalupe impressa no manto de Juan Diego. Ele diz que tem esse trabalho como um *hobby*, como um jogo que *mudou sua vida*:

• As descobertas que fiz nos olhos da Virgem Guadalupana mexeram comigo. Elas me fizeram refletir muito profundamente. Eu estou convencido de que do "outro lado" existe algo.

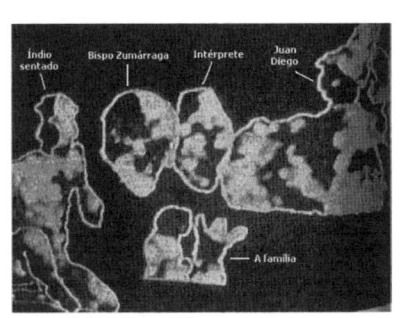

As imagens no olho da Virgem

Na gravura esquematizada acima, podemos ver, da esquerda para a direita: o índio sentado, o bispo Zumárraga, o intérprete, Juan Diego com a tilma estendida, a negra e o homem de barba. No centro e em baixo, a família indígena. No total são 13 pessoas.

Depois dessa exposição do relatório do engenheiro José Aste Tonsmann sobre os mistérios existentes nos olhos da Virgem de Guadalupe, cabem aqui algumas considerações:

- Mediante o sistema de mapeamento, Tonsmann localizou no olho direito as mesmas figuras que tinha descoberto no esquerdo. Então, as imagens estão refletidas nos dois olhos – embora com diferentes dimensões, ângulo e precisão – do modo exato como acontece nos reflexos nos olhos de uma pessoa viva, guardando as mesmas posições relativas. Isto elimina toda possibilidade de casualidade na formação das imagens.

- As deformações das figuras correspondem exatamente às leis da ótica de imagens refletidas em superfície convexa, como é o olho humano. Se as figuras fossem planas e sem deformações teriam provocado desconfiança.

- Note-se que o diâmetro real das córneas na imagem original da Virgem é de sete a oito milímetros. Mesmo com a tecnologia atual seria impossível pintar imagens com essas dimensões, com a precisão e detalhes que aparecem nas figuras resgatadas pelos computadores, e muito menos tendo em conta o tecido tosco e ralo que constitui o ayate.

- Aparece em ambos os olhos o chamado "grupo familiar" que rompe toda a possível lógica da cena. Na opinião do professor Tonsmann, esse grupo encerra alguma mensagem para nossos tempos.

- Tonsmann mandou fotografar os olhos de uma de suas filhas que estava olhando para algumas pessoas em sua frente. Depois submeteu a foto ao mesmo processo digital como aquele que havia feito nos olhos da Guadalupana. Diante da surpresa geral, ele adivinhou quais pessoas estavam refletidas nos olhos da menina no momento em que a fotografia foi feita. Depois repetiu a experiência com os olhos pintados em um quadro, mas somente obteve manchas disformes.

A Senhora estava presente, embora invisível

Para o engenheiro José Aste Tonsmann, nos olhos da imagem da tilma de Juan Diego existem refletidas duas cenas que parecem não guardar relação entre si: de um lado, a "cena principal" integrada por seis personagens (o índio sentado, a cabeça do bispo Zumárraga, o intérprete, o índio Juan Diego, a negra e o homem com barba). A segunda cena formada pelo "grupo familiar indígena". O engenheiro sabe dar uma explicação para a primeira cena, mas não para a segunda. E tem uma teoria do modo como as imagens da primeira cena poderiam ter-se refletido nos olhos da Virgem:

- Em minha opinião, a Virgem se encontrava presente naquele lugar onde aconteceu o chamado "milagre das rosas". Mas estava lá invisível. E em seus olhos deviam estar refletindo-se as figuras dessas pessoas. Quando Juan Diego abriu seu manto e as rosas e demais flores caíram no chão, a imagem da Senhora ficou misteriosamente impressa no tecido do ayate, levando em seus olhos os reflexos de todo o grupo.

Os computadores da IBM "não viram" a imagem da Senhora impressa na tilma estendida por Juan Diego. Por quê? O engenheiro explica:

• Porque nesse instante a dita imagem ainda não havia se gravado no tecido. Sabemos pela narração do *Nican Mopohua* que a impressão da imagem da Senhora na tilma aconteceu no momento em que as flores caíram diante do bispo e das demais pessoas. Nesses décimos de segundo em que Juan Diego soltou o manto e as rosas caíram, pode ter acontecido o que acabo de expor.

Desse modo, a Virgem de Guadalupe quis deixar-nos impressa em seus olhos uma "fotografia" do momento exato em que sua imagem se gravou no ayate. Se Juan Diego tivesse trazido a imagem já pronta estampada nele, certamente o bispo não teria acreditado.

No final de sua exposição, o engenheiro Tonsmann explica por que fez todo o extenso trabalho de investigação dos olhos da Virgem de Guadalupe com os computadores:

• Em primeiro lugar, parte de meu estudo foi para explicar ou encontrar uma explicação natural para a presença dessas figuras nos olhos da imagem. Mas realmente não pude encontrar nenhuma explicação natural. Então, chego à conclusão de que é um fato sobrenatural.

Confirmando

O Dr. Eduardo Chavez, sacerdote pertencente à equipe que toma conta do santuário de Nossa Senhora de Guadalupe, fez diversas palestras sobre os mistérios do manto sagrado.

Ele conta que, em uma reunião em que se achava presente o próprio chefe de Aste Tonsmann na IBM, veio à tona o assunto das figuras encontradas nos olhos da Virgem. O chefe contou que a equipe da IBM inicialmente ria e caçoava de Tonsmann, não acreditando em nada do que ele dizia sobre as figuras que tinha encontrado. Mas sua mulher lhe disse: "Por que não faz você mesmo a verificação nos olhos da Virgem? Se for verdade a existência de figuras, as afirmações de Tonsmann serão confirmadas. Se for mentira, diga a todo o mundo que Tonsmann estava enganado".

O chefe, então, fez, ele mesmo, os exames nos olhos da Virgem e confirmou tudo o que Tonsmann havia visto e dito. Em seguida, emitiu e assinou um relatório sobre os exames. E afirmou ao padre Eduardo: "Ali de fato há seres humanos. Não sei como, padre, e não me pergunte, mas ali há imagens de seres humanos".

O mesmo padre Eduardo conta outro fato. Em uma reunião do Instituto Guadalupano estava presente certa pessoa, um cientista. Em um dado momento esse sujeito disse visivelmente emocionado: "Eu sou ateu e queria continuar ateu. Mas, padre, não posso, porque aí nesses olhos há figuras humanas refletidas que ninguém neste mundo poderia ter feito. Por isso, padre, por causa dessas figuras nos olhos da Virgem, eu quero pedir ao senhor que me batize e me dê a Comunhão".[2]

Recentemente, em 1995, foi encontrado um documento muito valioso que pode confirmar a veracidade da história de Nossa Senhora de Guadalupe. O padre jesuíta Xavier Escalada,

---

[2] Chavez, Eduardo. D*escubriendo a Santa Maria de Guadalupe*. Palestra divulgada pela Internet em <http://www.youtube.com/watch?v=rd9mw6p>, acessado em 25/01/2011.

ao fazer pesquisas sobre as aparições, descobriu um códice asteca que recebeu o nome de códice 1548, também conhecido como códice Escalada. É uma pele curtida de animal, de 20 x 13 cm, na qual há um desenho que representa a Virgem de Guadalupe aparecendo a Juan Diego. Na parte superior do desenho está a data: 1548. E no fim, a assinatura de Bernardino de Sahagún, um frade franciscano que chegou ao México em 1529 e morreu em 1590. Portanto, trata-se de um documento de meados do século XVI que pode ser considerado como uma confirmação da história de Nossa Senhora de Guadalupe e da existência de Juan Diego.

6
Por que Guadalupe?

Vimos acima na narrativa do Nican Mopohua que a Senhora revelou a Juan Bernardino, tio de Juan Diego, seu nome: Guadalupe. Mas como? Guadalupe nem sequer é uma palavra espanhola, pois é de origem árabe. Além disso, a Senhora falava aos videntes em puro náhuatl, a língua dos índios mexicas. Como é que ela poderia ter escolhido uma palavra tão estranha? Juan Bernardino não a teria compreendido nem sabido pronunciá-la corretamente, pois na língua náhuatl não existe o som "g" nem o "d". Quando muito, o velho Bernardino teria entendido e pronunciado "Cuatlalupe". Então, o nome Guadalupe não teria sentido.

Mas poderia ter, pois existe uma imagem na Espanha (em Cáceres) que é conhecida como Nossa Senhora de Guadalupe. Talvez a Senhora de Tepeyac quisesse ser conhecida por esse nome, em homenagem aos conquistadores espanhóis. Porém isso seria difícil de entender, pois os espanhóis foram usurpadores do império asteca e impuseram seu domínio aos índios mexicanos de um modo cruel e impiedoso, matando milhares deles e destruindo suas cidades.[1] Então, por esse mesmo motivo, a escolha de tal nome poderia ser vista como uma aprovação, por parte da Senhora, das ações cruéis dos espanhóis. Por

---

[1] Para se ter uma ideia das atrocidades praticadas pelos espanhóis, basta dizer o seguinte: no início do século XVI (1500), o vale do México tinha aproximadamente 25 milhões de índios. E no final desse mesmo século, não passavam de 70 mil. Pereceram 68% dos maias nas mãos dos espanhóis (cf. Peregalli, Enrique. *A América que os europeus encontraram*. 22. ed. Editora Atual, p. 6).

outro lado, seria considerada uma falta de atenção e de respeito aos próprios índios. Então, como resolver a questão?

Antes de tudo, é preciso conhecer a história de Nossa Senhora de Guadalupe, a espanhola de Cáceres. Essa história começa em Roma. Dizem que o papa São Gregório tinha em seu oratório particular uma imagem de Nossa Senhora com o Menino Jesus no colo, talhada em madeira, de cor escura, quase negra, diante da qual ele fazia suas fervorosas orações. Aconteceu que naquele tempo houve uma peste em Roma, causando muito sofrimento e morte. Impressionado com essa praga tão cruel, o papa colocou-se em oração diante da imagem, pedindo fervorosamente a Deus e a sua Mãe santíssima que tivessem piedade de seu povo. Terminada a oração, sentiu em si a graça do Espírito Santo e teve uma inspiração. Mandou que se organizassem procissões em toda a cidade e que se cantasse a ladainha de Nossa Senhora. Em uma dessas procissões, São Gregório levou consigo aquela imagem que ele tinha em seu oratório. E depois desse dia aconteceu que a cidade de Roma ficou livre daquela terrível peste.

Algum tempo depois, o papa recebeu uma comissão de bispos e sacerdotes da Espanha que ficaram hospedados por alguns dias em Roma. Ao despedir-se deles, São Gregório resolveu mandar aquela imagem de Nossa Senhora como presente para o bispo de Sevilha, São Leandro. Este, ao receber a imagem, sentiu-se muito honrado e feliz e colocou-a em seu próprio oratório.

Naquele tempo houve uma invasão dos mouros que entraram na Espanha, assaltando e conquistando as cidades. Os habitantes de Sevilha fugiram às pressas. Alguns frades tomaram a imagem de Nossa Senhora do oratório do bispo e fugiram com ela. E, durante a fuga, passaram por um rio chamado Guadalupe,[2] que corria aos pés de uma alta montanha. E andando por essa montanha acharam uma ermida. Então, os frades fizeram uma cova dentro dela, na qual colocaram a imagem e junto uma campainha e uma carta que narrava toda a história daquela imagem. E cercaram a cova com grandes pedras.

Bem mais tarde, durante o reinado de dom Alonso (1312-1350), apareceu a Virgem Maria Mãe de Deus a um pastor, fato este que costuma ser contado do seguinte modo:

Andando o pastor por aquelas montanhas próximas do rio Guadalupe, notou que faltava uma vaca em seu rebanho e logo saiu a procura dela. Passados três dias, achou-a morta perto de uma fonte. Aproximou-se e examinou-a com atenção. Não viu nenhum sinal de ferimento ou de mordidas de lobos. Logo em seguida tomou a faca e resolveu tirar-lhe o couro. Começou fazendo dois cortes no peito em forma de cruz. Foi quando notou, espantado, que a vaca estava viva. E bem viva, pois ela se ergueu e ficou em pé.

Foi nesse momento que a Virgem Maria apareceu ao pastor e lhe disse: "Não tenhas medo, pois eu sou a Mãe de Deus. Toma tua vaca, vai e leva-a para junto das outras, pois com ela terás outras muitas. E depois irás dizer aos sacerdotes e ao povo que venham até este lugar onde apareci a ti. E cavem aqui e acharão uma imagem minha".

---

[2] Guadalupe é uma palavra de origem árabe que significa "Rio escondido". De fato, existe na província de Cáceres um riacho que nasce na serra de Villuercas e corre meio escondido entre barrancos e gargantas, e é conhecido como rio Guadalupe.

O pastor foi ter com os sacerdotes e contou tudo o que tinha visto e ouvido. Aos que não acreditavam, ele mostrava a vaca com a cicatriz em forma de cruz no peito. Então, partindo de Cáceres, eles foram até o local indicado pelo pastor, lá onde ele tinha tido a visão. E, cavando por ali, encontraram a imagem de Nossa Senhora, a carta e a campainha que lá estavam enterradas. Logo edificaram naquele mesmo lugar uma capela e puseram nela a imagem. E o pastor ficou como guardião da pequena ermida, ele com toda a sua família. A notícia desses fatos extraordinários correu por toda a Espanha, e as pessoas vinham de toda parte para visitar a capela e fazer suas orações a Nossa Senhora de Guadalupe.[3]

Por essa história, parece que fica bem claro que a Virgem de Guadalupe do México não tem nada a ver com a de Cáceres, da Espanha. A mexicana é uma figura em atitude de oração gravada em um manto, como se fosse uma pintura. A espanhola é uma estátua esculpida em madeira, de cor escura, que tem o menino Jesus nos braços.

Nossa Senhora de Guadalupe, a espanhola

---

[3] Cf. Documento *Milagros de Nuestra Señora de Guadalupe desde el año de 1406 hasta 1497*, conservado no arquivo de Guadalupe – Cáceres (C-1).

Então, voltamos à pergunta: Por que a Virgem mexicana recebeu o nome de Guadalupe? Qual teria sido o nome que ela revelou a Juan Bernardino? Por que o índio Valeriano, que escreveu o Nican Mopohua aproximadamente 30 anos após os acontecimentos em Tepeyac, afirmou que a Senhora se chamava "Guadalupe"? Quem lhe teria dado esse nome? E por quê?

Para responder a essas perguntas, entramos num terreno de hipóteses. Em sua obra *Felicidad de México*, na página nove e seguintes, o historiador Luis Becerra Tanco diz que talvez o índio Juan Bernardino tenha pronunciado em seu idioma náhuatl o nome que a Senhora lhe havia revelado. Qual teria sido esse nome? Não sabemos com certeza. Poderia ser "Tequantlanopeuh", que significa "a que teve origem nos cumes das penhas", porque foi no cume da colina que Juan Diego viu a Senhora. Ou talvez "Tequantlaxopeuh", que significa "a que afugentou os que nos devoravam". Esses dois nomes são pronunciados respectivamente como "tequatlanupe e tequatlasupe". Aos ouvidos dos espanhóis, não acostumados ao idioma dos índios, esses nomes soavam como "de Guadalupe". Foi assim que os conquistadores teriam entendido o nome da Senhora que apareceu no Tepeyac.

Outra hipótese é a do padre jesuíta Enrique Torroella (1958): "A mim me parece um absurdo supor que Nossa Senhora tenha chamado a si mesma de Guadalupe. Ela falou em náhuatl a Juan Bernardino que era um índio ignorante a respeito da língua espanhola, pois já estava avançado em idade e não conseguia aprendê-la. Como poderia a Senhora ter-lhe dito um nome que, embora belo no significado, era em uma língua estranha? Não, a Virgem usou certamente uma palavra asteca que para os espanhóis soou como Guadalupe; esta palavra foi probabilissimamente 'Coatlayupeuh', que quer dizer 'Aquela que esmaga a serpente' (coatl significa serpente e yopeuh, esmagar com os pés)".

Alguns frades franciscanos se opuseram fortemente contra o nome Guadalupe e queriam que a Senhora fosse chamada Nossa Senhora de Tepeyac. Mas desde 1560 o nome Guadalupe se impôs, e de então em diante é assim que a Senhora é conhecida até os dias de hoje.

7
A Virgem missionária

Com a dominação espanhola, a religião dos mexicas recebeu um forte impacto. Os sacrifícios humanos foram proibidos. As grandes pirâmides, em cujos topos eram celebrados os sacrifícios sangrentos, foram destruídas. Mas a religião e o culto dos deuses e ídolos estavam fortemente arraigados naquele povo e continuavam vivos.

Os missionários encontravam muita dificuldade em mudar aquela mentalidade e fazer com que os astecas descobrissem e aceitassem o Deus dos cristãos que é maior do que o sol, a lua, as estrelas, a terra. Mas poucos se convertiam. "E agora, perguntavam eles, devemos destruir nossa antiga regra de vida?" Eles não aceitavam que suas tradições religiosas fossem extintas.

Foi quando apareceu a grande missionária: a Virgem de Guadalupe. Sua imagem gravada no manto de Juan Diego foi um catecismo vivo e muito claro para os índios. Entendendo sua pregação silenciosa, eles iriam abandonar espontaneamente a "antiga regra de vida".

A imagem da Virgem de Guadalupe representa uma senhora da raça índia e, ao mesmo tempo, da raça branca. Ela tem características de uma mexica e de uma europeia. Para os índios, ela possui significados importantes que foram facilmente lidos e entendidos por eles. Os principais sinais que viram e compreenderam na imagem foram os seguintes:

Ela está posicionada em frente ao sol, representado pelos raios ao redor da imagem: significa que é maior que Huitzilopochtli – o deus sol dos astecas.

Seus pés pousam sobre a lua crescente: Ela é maior que a deusa lua.

As estrelas estão espalhadas em seu manto: Ela é maior que as estrelas do céu que eles adoravam.

A *cor do manto é azul-esverdeado (turquesa):* Significa que ela é uma rainha, pois usa a cor da realeza – só o imperador asteca podia usar essa cor.

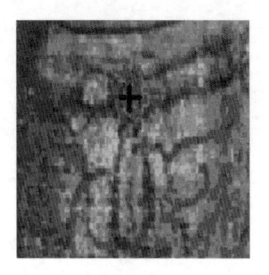

A cruz negra no broche do pescoço: seu Deus é o mesmo dos missionários – Jesus Cristo que morreu na cruz para salvar a humanidade.

O cinto preto com o laço pendente na frente: Ela está grávida, pois o cinto preto era usado pelas índias grávidas. Está esperando seu filho Jesus.

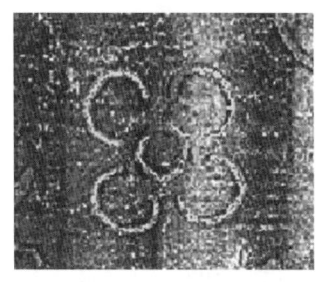

A flor de quatro pétalas desenhada na túnica sobre seu ventre: Ela é a mãe de Deus, porque essa flor era um símbolo especial da divindade, da vida e do movimento – o centro do universo.

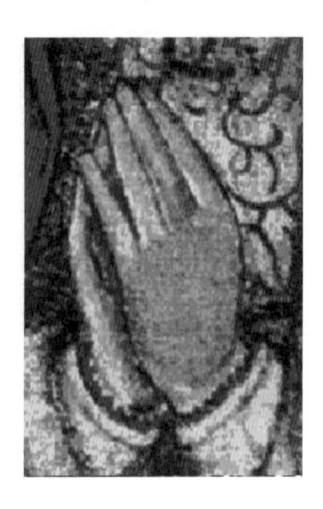

Suas mãos estão postas em oração: Significa que ela não é Deus e que existe alguém maior que ela.

Os astecas compreenderam perfeitamente todos esses sinais e se encantaram com a Virgem Morena. Por isso, logo depois das aparições, sua fama espalhou-se rapidamente e o povo acorria até a casa episcopal para ver a imagem. O bispo, ao notar a grande afluência de pessoas que chegavam para ver de perto o que havia acontecido, decidiu levar a tilma para a capela construída aos pés do monte Tepeyac, que logo se tornou um centro de peregrinações. E houve conversões em massa ao cristianismo. O frei franciscano e historiador da Nova Espanha, Toríbio de Benavente, conhecido como Motolinia (o pobre), escreveu em 1541 que cerca de nove milhões de astecas foram convertidos ao Cristianismo em pouco tempo depois das aparições. Os missionários ficaram admirados, pois chegavam a batizar 15 mil índios por dia. Por isso, a Virgem de Guadalupe "pode ser chamada com todo o direito a primeira Evangelizadora da América", disse o papa João Paulo II em 6 de maio de 1990.

O povo mexicano tem até hoje um grande carinho pela "Guadalupana". Eles acorrem em multidões para visitá-la em sua basílica, na cidade do México, que já se tornou o segundo santuário católico mais visitado do mundo (depois da basílica de São Pedro, no Vaticano). São mais de 18 milhões de peregrinos que todo ano acorrem aos pés de sua imagem gravada na tilma do índio Juan Diego. A festa de Nossa Senhora de Guadalupe, que se celebra no dia 12 de dezembro, é muito concorrida, com os fiéis vindo de todas as partes.

São Juan Diego

Não só a Virgem de Guadalupe foi missionária entre os índios. Seu vidente, agora São Juan Diego, também foi e é um grande missionário.

Juan Diego nasceu em torno de 1474, em Cuauhtitlan, povoado que pertencia à cidade de Texcoco, próxima a Tenochtitlan. Seu nome de nascimento era Cuauhtlatoatzin, que pode ser traduzido como "Aquele que fala como águia". Morreu em 1548, aos 74 anos, pouco depois da morte do bispo D. Juan de Zumárraga.

Ele, sua mulher Maria Lúcia e sua família se converteram ao cristianismo pela catequese dos frades franciscanos que começaram a evangelizar os índios logo após a conquista do México. Não teve filhos e sua mulher morreu em 1529. Passou, então, a morar com o tio Juan Bernardino. Viveu o resto de sua vida como um verdadeiro cristão. Um documento do século XVII intitulado *Informações Jurídicas de 1666* traz vários testemunhos de pessoas que moravam no povoado onde ele nasceu e viveu, algumas delas com mais de cem anos. Elas confirmaram que "Juan Diego era um índio que vivia honestamente como muito bom cristão, temente a Deus e que tinha muitos bons costumes".

Existem várias fontes históricas que nos dão a conhecer a vida virtuosa do vidente da Virgem de Tepeyac. Sabemos que ele levou sua piedade ao extremo de querer morar ao lado da capela construída aos pés da colina onde teve as visões. Queria dedicar-se plenamente ao serviço da Virgem. Desejava estar perto dela todos os dias e cuidar da capela e do manto sagrado lá exposto. Depois de receber a permissão do bispo D. Zumárraga, que o estimava muito, construiu uma cabana ao lado da capela e lá viveu como ermitão pelo resto de sua vida. Sempre se considerou pequeno e humilde, de acordo com aquelas palavras que disse à Senhora de Tepeyac: "Eu sou um homem do campo, um farrapo, um capacho, sou cauda, sou folha, sou gente miúda".

Mas por isso mesmo Juan Diego foi exaltado, foi grande, foi um missionário. Em uma das aparições, a Senhora lhe havia dito: "Tu serás meu mensageiro, muito digno de confiança". Com seu testemunho e sua palavra edificava e convertia muitos índios que vinham visitar a Virgem de Tepeyac. Certamente narrou inúmeras vezes aos peregrinos toda a história das aparições. Os índios o veneravam como a um santo e tinham-no como modelo de vida. Sua fama de santo é viva até hoje entre os índios mexicanos que chamam Juan Diego de "um dos nossos".

O papa João Paulo II também acentuou a importância da mensagem comunicada por São João Diego e confirmou a evangelização que foi transmitida pela Virgem estampada em sua tilma: "A América, que historicamente foi o crisol de povos, tem reconhecido no rosto mestiço da Virgem de Tepeyac um grande exemplo de evangelização perfeitamente aculturada. Por isso, não só no centro e no sul, mas também no norte do Continente, a Virgem de Guadalupe é venerada como Rainha de toda a América. A aparição de Maria ao índio Juan Diego na colina de Tepeyac, no ano de 1531, teve uma repercussão decisiva para a evangelização".[1]

A Senhora tinha feito uma promessa a seu querido vidente na primeira aparição: "E tem por certo que te agradecerei muito e te pagarei, que por isso te enriquecerei e te glorificarei; com isso merecerás muito que eu retribua o teu cansaço, o teu trabalho em ir fazer o que te encomendo".

Essa promessa foi cumprida totalmente. O papa João Paulo II proclamou Juan Diego santo em 31 de julho de 2002. Sua canonização nos dá a certeza pela fé de que ele se encontra agora junto com sua querida "Menina", como ele carinhosamente a chamava. Ela o recompensou plenamente pela obediência e esforço de levar sua mensagem ao bispo.

A protetora dos não nascidos

A maravilhosa história da Virgem de Tepeyac e de seu vidente Juan Diego está inserida num contexto histórico que nos causa sentimentos de repulsa, a nós do século XXI. Refiro-me ao bárbaro ritual da religião asteca de sacrificar seres humanos, inclusive crianças, aos deuses. Uma das missões da Virgem de Guadalupe

---

[1] Citado na AAS (*Acta Apostolicae Sedis*), 85 (1993), p. 826.

foi com certeza erradicar esse costume hediondo. E ela conseguiu com sua pregação missionária sem palavras, por meio da leitura feita pelos índios dos sinais de sua imagem na tilma de Juan Diego.

A história mostra que desde os tempos mais remotos houve o costume de oferecer sacrifícios humanos aos deuses e ídolos. Na própria Bíblia, no livro Levítico, conta-se que Deus falou a Moisés advertindo-o sobre o crime de oferecer crianças ao deus Moloc, um rito cananeu que os israelitas encontraram quando conquistaram a terra prometida (Lv 18,21 e 20,1-5). Esses sacrifícios, que consistiam em matar as crianças e em seguida incinerá-las, foram praticados também em Israel, especialmente em Jerusalém, no incinerador do vale da "Geena".[2]

Como vimos acima, o ritual dos sacrifícios humanos era o ponto alto da religião asteca. Sem o sangue que lhe era ofertado, o deus Sol não teria forças para nascer cada dia e o mundo acabaria. No império asteca eram sacrificados aproximadamente 20 mil pessoas por ano. O historiador mexicano Ixtlixoclitl calcula que uma em cada cinco crianças era sacrificada.

Criança sendo sacrificada

---

[2] Cf. *Bíblia de Jerusalém*. Edições Paulinas, Lv 18,21, nota q.

Um dia, quando eu estava escrevendo sobre esse assunto, contei a minha filha Mariana como eram feitos os sacrifícios humanos entre os astecas. E mostrei-lhe uma gravura de um códice que representa a realização cruel daqueles sacrifícios, com o sacerdote abrindo ao vivo o peito da pessoa e arrancando o coração ainda palpitante, e logo em seguida erguendo-o em oferta ao deus Sol. Ela arregalou os olhos de espanto e exclamou:

– Que horror! Que coisa bárbara!

Então, colocando o dedo indicador sobre meus lábios, como para pedir silêncio, eu disse:

– Psit! Fale baixo!

– Por que, pai?

– Porque hoje, em nosso civilizado século XXI, também são praticados sacrifícios humanos. E quantos!

– É? Quem? Onde?

– São milhões de bebês ainda no ventre materno que são assassinados anualmente no mundo todo. Cada aborto praticado consciente e voluntariamente é um sacrifício humano. Os astecas retiravam ao vivo o coração da pessoa para oferecê-lo ao deus e depois queimá-lo diante do ídolo. De um modo semelhante, a pessoa que comete aborto retira o bebê vivo de seu ventre, que em seguida é cremado e incinerado ou jogado no lixo.

• Mas existe uma diferença: os astecas sacrificavam e ofereciam para algum deus...

• Sim, eles sacrificavam ao deus Sol, ao deus da chuva, ao deus da guerra... Hoje, os deuses são diferentes. Os sacrifícios humanos são oferecidos em nome do deus egoísmo, do deus sexo, do deus hedonismo.

— Hedonismo?

— É o deus da "boa vida", aquele que diz que toda a felicidade humana está só e unicamente no prazer. Se o hedonista procurou, por exemplo, o prazer no sexo, e se esse ato de prazer deu início a uma nova vida não desejada que lhe vai trazer aborrecimentos, o que ele faz? Simplesmente sacrifica aquele bebê em nome do deus hedonismo, para não ter dor de cabeça no futuro.

— Mas esse bebê tem poucos dias de vida...

— É a desculpa que se ouve. Se o bebê tem poucas horas ou poucos dias de vida, dizem, não tem importância, não é aborto. Então, imagine o seguinte: um médico está diante de uma cliente que quer desfazer-se da criatura que ela gerou num momento de prazer e que não deseja. Se o médico não faz nada e deixa aquela vida prosseguir, o que acontece daí a nove meses?

— Nasce um bebê.

— Exatamente. Mas se o médico destrói aquela vida, não nascerá ninguém daí a nove meses nem nunca. Isto significa que um ser humano foi *abortado*. Não importa se aquele ser tenha apenas algumas horas de vida. Trata-se de um aborto.

— Então é verdade, pai! Hoje também são praticados sacrifícios humanos! Que coisa bárbara!

Minha filha compreendeu que esses sacrifícios praticados por nossa decantada civilização moderna são tão hediondos ou piores do que aqueles das civilizações antigas. Os astecas sacrificavam cerca de 20 mil pessoas por ano, uma média aproximada de 55 por dia. Segundo documentos emitidos pelo governo da Inglaterra, nos tempos atuais, calcula-se que acontecem cerca de 75 milhões de gestações indesejadas em todo o mundo, cada ano. E são praticados mais de 22 milhões de abortos inseguros (sem assistência médica).[3] Isto significa aproximadamente 60 mil abortos inseguros por dia! Sem contar os que são praticados com segurança – para as mães, é claro!

Uma outra fonte afirma que uma em cada três norte-americanas pratica aborto antes dos 35 anos de idade, e que 1,2 milhões de abortos são realizados anualmente nos Estados Unidos.[4]

Eu disse acima que em toda a história da humanidade não se conhece um povo que sacrificou mais seres humanos para seus deuses do que os astecas. Agora vejo que isso não é verdade. A moderníssima civilização nossa do século XXI sacrifica muitíssimo mais. É de longe a recordista da história.

Qual é a desculpa para a prática desses sacrifícios humanos? São várias. A mais descarada, a meu ver, é daquela pessoa que diz: "Eu sou dona de meu corpo, faço dele o que eu quiser. O bebê que está dentro dele me incomoda ou vai me incomodar? Pois eu tenho o direito de sacrificá-lo, em troca de minha comodidade e felicidade, e ninguém não tem nada a ver com isso". Outras dizem que é a cultura que as obriga a praticar aborto: seus pais ou seus namorados, ou sua formação, ou o estilo de vida moderno as deixam sem outra escolha.

A sociedade moderna é tão hipócrita que faz um monte de propaganda e apelo para que você doe sangue e órgãos

---

[3] Cf. Documentos emitidos pelo governo do Reino Unido, comentados no Jornal *Folha de São Paulo*, de 1º de janeiro de 2011, p. A16.

[4] Cf. *Folha de São Paulo*, 31/12/2010, p. A9.

para salvar algumas pessoas, mas cala-se praticamente diante da matança das criancinhas inocentes. E quando a televisão mostra um bebê recém-nascido abandonado pela mãe na rua ou na caçamba do lixo, todo o mundo se espanta, sente piedade da criança e exclama: "Que mãe desnaturada!" No entanto, os milhares de abortos praticados diariamente não causam piedade nem admiração. E o mais incrível é que essa matança em alguns países não só é legalizada, mas também apoiada e financiada por seus governantes.

A Virgem Morena de Guadalupe, representada na tilma de São Juan Diego, está cingida com o cinto usado pelas índias durante o período de gravidez. Significa que ela está grávida esperando seu filho – Jesus. Ela é considerada a protetora dos ainda não nascidos. Com a pregação silenciosa proclamada por sua imagem, ela conseguiu acabar com os sacrifícios humanos entre os índios bárbaros.

E o que dizer dos civilizados do século XXI? Conseguirão eles acabar um dia com os milhões de sacrifícios de bebês inocentes e indefesos?

8
Uma carta na manga

Depois de ter repassado toda a história da Virgem Morena de Guadalupe e verificado os estudos feitos pelos médicos e cientistas sobre sua imagem estampada no manto de Juan Diego, parece que não resta mais dúvida: existem coisas misteriosas e inexplicáveis naquele manto sagrado.

Sei que ainda há dúvidas a serem resolvidas como, por exemplo, a presença das figuras do grupo familiar nos olhos da Virgem que parecem estar fora da devida proporção com as outras figuras. Talvez a Senhora tenha querido dar um recado para os tempos modernos, chamando a atenção para a importância da família na sociedade.

Pode ser que o futuro nos revele novas e sensacionais descobertas na tilma. Mas fica aqui uma pergunta: Por que esses mistérios foram descobertos justamente nos tempos atuais, depois de quase 500 anos da gravação da imagem no manto de Juan Diego? Uma resposta pode ser a seguinte: a Virgem de Guadalupe escondeu uma "carta na manga" para usá-la somente agora em nosso tempo e nos convencer da veracidade e da importância de sua mensagem. É um trunfo que ela quis usar e mostrar somente aos homens e mulheres dos séculos XX e XXI que dispõem de computador e de outras tecnologias avançadas capazes de descobrir as coisas que ela conservou escondidas em seu manto sagrado.

Oxalá, possamos todos entender e acatar sua mensagem!

De minha parte, depois de fazer esse longo estudo e de ter lido os documentos firmados pelos médicos e cientistas que examinaram o caso, não me resta dúvida: ali nos olhos da Virgem Morena de Guadalupe existem mistérios inexplicáveis. E faço minhas as palavras do engenheiro José Aste Tonsmann: "Estou convencido de que do outro lado existe algo". E na oração da "Salve-Rainha" peço com fervor: "Esses olhos misericordiosos (e misteriosos) a nós volvei".

O desejo da Virgem foi satisfeito

A Senhora de Tepeyac havia pedido ao bispo, por intermédio de Juan Diego, a construção de um templo, "para nele mostrar e dar todo o meu amor, compaixão, socorro e defesa, pois eu sou vossa piedosa Mãe, tua e de todos os homens que nesta terra estais reunidos e de todas as outras pessoas que me amam, que me invocam e confiam em mim; desejo ouvir ali (no templo) seus lamentos e remediar todas as suas misérias, sofrimentos e dores".

O desejo da Senhora foi amplamente satisfeito. Primeiro foi construída a pequena ermida aos pés do monte Tepeyac. Depois, foi erigida uma grande basílica onde a tilma de Juan Diego com a imagem da Virgem ficou exposta por muitos anos. Mas o terreno onde estava erguida começou a ceder. Foi, então, construída em 1976 a nova e imponente basílica atual em forma arredondada. Nela está exposta a tilma em um quadro. A ela acorrem milhões de pessoas (mais de 18 milhões por ano) para dar graças à Virgem Morena e sentir todo o seu amor, compaixão e socorro.

Nova Basílica de Nossa Senhora de Guadalupe,
onde está exposta a tilma de São Juan Diego

Escuta e entende, filho meu o menor,
que o que te assusta e te aflige é nada.
Não se perturbe o teu coração.
Não temas essa doença nem qualquer outra enfermidade
ou angústia.
Não estou eu aqui? Não sou eu tua Mãe?
Não estás debaixo de minha sombra? Não sou eu tua saúde?
Não estás por acaso em meu regaço? De que precisas mais?
Nada te aflija nem te perturbe.
(Palavras da Virgem a São Juan Diego... e a cada um de nós!).

Referências bibliográficas

ALVARADO, Alfonso Alcalá. *El Milagro de Tepeyac: Objeciones y Respuestas desde la História*. México, Instituto Superior de Estudios Eclesiásticos, 1984.

ANDERSON, Carl e CHÁVEZ, Eduardo. *Our Lady of Guadalupe – Mother of the Civilization of Love*. Doubleday, 2009.

ANSÓN, Francisco. *O Mistério de Guadalupe*. São Paulo: Quadrante, 1990.

BENITES, J. J. *El Misterio de la Virgen de Guadalupe*. Grupo Editorial Planeta, 1989.

CALDERON, Luis. *Virtudes y Méritos de Juan Diego*. México: Tradicion, 1989.

CALLAHAN, Philip. "The Tilma Under Infra-Red Radiation, CARA Studies", in *Popular Devotion*, vol. II, *Guadalupan Studies*, n. III (March 1981), Washington D.C. Publicação de Abril Livros Ltda., *Viagens de Descobrimento*, 1991.

CASTILLO, Bernal Diaz de. *História Verdadera de la Conquista de la Nueva Espana*.

CHÁVEZ, Eduardo. *La Verdad de Guadalupe*. México: Empresad Ruz, 2008.

JOHNSTON, Francis. *O Milagre de Guadalupe*. Aparecida: Editora Santuário, 2005.

PEREGALLI, Enrique. *A América que os Europeus Encontraram*. Editora Atual.

QUEVEDO, Oscar G., S.J. *Nossa Senhora de Guadalupe*. São Paulo: Edições Loyola, 1996.

Rahm, Haroldo J., S.J. *A Mãe das Américas*. São Paulo: Edições Loyola, 1985.

Rosado, José Luis Guerrero. *El Manto de Juan Diego*. México: Limusa, 1990.

Salinas, Carlos e Mora, Manuel de la. *Descubrimiento de um Busto Humano en los Ojos de la Virgem de Guadalupe*. México: Tradicion, 1976.

Tanco, Luis Becerra. *Felicidad de México*. México: Jus, 1974.

Taylor, Coley. *Nuestra Señora de las Américas*. Colúmbia, 1958.

Tönsmann, José Aste. *El Secreto de Sus Ojos*. México: El Arca Editores, 2004.

Vasconcelos, José de. *Breve História de México*. México: Ediciones Botas.

White, Jon Manchip. *Cortés y la Caída Del Imperio Azteca*. Hamilton, 1971.